JN449060

프로그래밍 첫 경험

야금야금 프로세싱

야금야금 프로세싱

누구나 쉽게 공짜로 요리하는 환상의 프로그래밍 언어

심주은 ▪ 심재창 ▪ 양용칠 지음

카오스북
CHAOS BOOK

저자 소개

심주은

안동대학교 교육공학과 재학

심재창

안동대학교 컴퓨터공학과 교수

양용칠

안동대학교 교육공학과 교수

프로그래밍 첫 경험

야금야금 프로세싱

발행일 2013년 2월 25일
저 자 심주은, 심재창, 양용칠
발행인 오성준
발행처 카오스북
주 소 경기도 파주시 문발동 507-9번지
전 화 031-949-2765
팩 스 031-949-2766

등록번호 제406-2012-000111호

디자인 Moon & Park
인 쇄 이산문화사

웹사이트 www.chaosbook.co.kr
ISBN 978-89-98338-30-5 93000

정가 19,000원

이 책은 저자와 카오스북의 독점계약에 의해 발행된 책으로 저작권법에 의해 보호를 받는 저작물입니다.
어떠한 형태의 무단 전재와 복제를 금하며 위반시 법에 의한 처벌을 받을 수 있습니다.

이 책은 누구에게 적합한가?

- 컴퓨터를 처음 접하는 초보자
- 초등학생, 중학생, 고등학생
- 프로그램에 자신 없는 대학생
- 미술전공자, 음악전공자, 컴퓨터 비전공자
- 아이와 게임을 만들고 싶은 부모

이 책을 학습하고 나면

- 프로그래머로 입문할 수 있다.
- 프로세싱 언어를 이해한다.
- 컴퓨터 프로그램을 작성하여 계산을 하고, 도형을 그릴 수 있다.
- 프로그램으로 인터넷 사진을 출력할 수 있다.
- 마우스와 키보드로 제어할 수 있는 프로그램을 만들 수 있다.
- 프로그램으로 나비 애니메이션을 작성할 수 있다.
- 프로그램에서 PC 카메라로 영상을 촬영하여 동영상을 제작할 수 있다.
- 프로그램으로 PDF를 만들 수 있다.
- 프로그램으로 스마트폰과 인터넷에서 작동되는 프로그램을 만들 수 있다.
- 프로그램으로 창의적인 문제를 해결 할 수 있다.
- 변수, 제어 및 반복을 활용할 수 있다.
- 논리 및 판단을 적용할 수 있다.
- 함수를 작성하고 활용할 수 있다.
- 클래스와 객체를 활용할 수 있다.
- C언어 Java언어를 쉽게 배울 수 있다.

머리말

누구나 쉽고 재미있게 프로그래밍을 배우기 바라며….

이 책은 프로세싱(Processing)이라는 프로그래밍 언어를 이용한 프로그래밍의 안내서입니다. 여러 프로그래밍 언어 중 프로세싱을 주제로 한 이유는 무료이며 쉽기 때문이죠. 특히, 이 언어는 어린이 혹은 프로그래밍을 처음 접하거나 프로그래밍을 두려워하는 사람들이 쉽게 이해할 수 있도록 구성되어 있습니다.

컴퓨터 언어뿐만 아니라 그래픽을 한결 쉽게 다룰 수 있도록 개발되었기 때문에 몇 시간만 학습해도 기본적인 프로그램을 작성할 수 있습니다. 수학적 계산은 물론 사진 편집부터 영상처리까지 가능합니다. 더 매력적인 것은 작성한 프로그램을 스마트폰에서도 작동할 수 있다는 것입니다.

프로세싱을 잘하기 위해서는?

영어가 영국 사람들의 언어인 것처럼 프로세싱은 하나의 컴퓨터 언어입니다. 영어를 잘하려면 어떻게 해야 할까요? 단어를 외우고 문법도 학습하고, 특별한 영어만의 표현들도 공부합니다. 이와 같이 프로세싱을 잘하기 위해서는 사용되는 용어인 키워드와 기초 함수를 익히고 사용법을 공부해야 합니다.

컴퓨터 언어는 컴퓨터와 의사소통하는 수단입니다. 컴퓨터 게임에서 마법 스킬을 쓰려면 해당 마법 스킬을 불러내는 주문을 외치거나 단축키를 눌러야 합니다. 해리포터도 마법 주문을 처음부터 알고 있던 것이 아니라 헤르미온느와 론과 함께 마법 주문을 공부하고 외운 후 적절할 때 사용하였습니다. 프로세싱도 마찬가지입니다. 프로세싱을 이용하여 여러분만의 세상을 마법처럼 만들어 낼 수 있습니다. 컴퓨터 언어를 유창하게 사용할 줄 안다면 "이렇게~해 주세요, 저렇게 해 주세요"와 같은 명령을 잘할 수 있게 됩니다.

그럼 새로운 언어를 공부하는 마음, 훌륭한 프로그램의 마술사가 되는 마음으로 우리 다함께 열심히 배워볼까요?

이 책의 구성과 학습방법

야금야금 프로세싱은 3부로 구분되며, 학습자가 원하는 단계를 선택해서 학습할 수 있습니다. 1부부터 차근차근 학습하거나 실습을 먼저하고 싶으면 2부부터 시작하세요. 혹시 프로세싱 관련 기초 지식을 가지고 있다면 3부부터 바로 게임 작성 방법을 학습해도 됩니다.

1부 프로세싱 맛보기

프로세싱이 무엇인지 빠르게 훑어볼 수 있는 단계입니다. 간단한 학습만으로 나만의 작품을 스케치할 수 있도록 설명하였습니다.

2부 프로세싱 사용법 익히기

프로세싱의 기초적 이론을 다지는 단계입니다. 픽셀의 이해부터 그래픽스까지 익혀 프로세싱의 전반적 이해를 돕고자 쉽고 재미있게 학습할 수 있도록 하였습니다.

3부 프로세싱 요리하기

학습한 프로세싱의 이론들을 마음껏 활용하여 게임을 만듭니다. 풍선 터뜨리기 미니게임을 따라하면서 만들어 볼 수 있습니다.

학습목표

매 장마다 학습목표를 제시합니다.

학습내용

학습내용을 구체적으로 제시하여 학습자가 무엇을 배울지 알 수 있도록 하였습니다.

스케치 읽기

스케치 읽기 연습을 통해 스케치 작성의 구조와 프로세싱 키워드를 자연스럽게 익힐 수 있습니다. [스케치 읽기]를 가리고 학습자 스스로 스케치를 읽어본 후 [스케치 읽기]와 비교해 보면 더욱 더 실력이 늘 수 있을 것입니다.

참고

학습에 도움이 되는 보충 내용

요약

한 장을 한 눈에 볼 수 있도록 짧게 핵심 정리

연습문제

한 장을 학습한 후 꼭 알아야 하는 내용을 Q&A형식으로 나타냄. 친구들과 서로 퀴즈를 내어 봐도 재미있겠죠?

실습 예제

실습 예제를 통해 학습한 내용을 다양하게 직접 응용해 볼 수 있도록 하였습니다.

프로세싱을 왜 공부해야 할까요?

프로그래밍은 경쟁력입니다.

....한 문화를 알려면 그 언어를 배우는 것이 지름길이다. 우리는 하루 종일 인터넷과 디지털 기기, 이를 기반으로 한 사회·경제·문화 환경 속에 산다. 코딩은 이 세계를 보다 능동적·종합적으로 이해하고 변화시킬 수 있는 도구다. 뭣보다 요즘 세계는 코딩 인력 부족으로 몸살을 앓고 있다. CNN은 지난달 '코드를 이해하는 직원 1명의 가치는 50만~100만 달러'라고 보도했다.

이는 한국인에게 큰 기회다. 영어의 경우 '본토인'과 우리는 출발선부터 달랐다. 반면 코드는 링구아 프랑카(국제공용어)다. 직업이 무엇이든 코딩을 안다면 남다른 가치를 창출할 수 있다. 코딩은 사고력과 문제 해결력 배양에도 유용하다. 내가 아들에게 코딩 가르칠 기회를 호시탐탐 엿보는 이유다. 익현이 요즘 살았다면 그 또한 그러지 않았을까.

-중앙일보 컬럼

1. 기사를 읽고 자신이 왜 프로세싱을 공부하고자 하는지 적어보세요.

2. 이 책을 다 학습한 후 자신의 모습을 상상하여 적어보세요.

3. 프로세싱을 학습하기 위한 다짐을 구체적으로 적어보세요.

차 례

들어가기 전에 5

머리말 6

PART 01
프로세싱 맛보기

SECTION 01 프로세싱 준비하기 18

얼마만큼 알고 있나요? 18

SECTION 02 프로세싱 이해하기 23

요약 | 연습문제 | 피드백

SECTION 03 프로세싱 설치하기 26

반가워, 프로세싱! 26

요약 | 연습문제 | 피드백

SECTION 04 프로세싱 익히기 35

연습문제 | 피드백

SECTION 05 프로세싱 확인하기 41

얼마만큼 잘 학습하였는가? 41

피드백

PART 02

프로세싱 요리법 익히기

SECTION 01 사각형 그리기 52

1.1 프로세싱 소개 52

1.2 프로세싱의 다운로드 및 압축 풀기 52

1.3 프로세싱의 첫 프로그래밍 53

1.4 오류 수정하기 55

요약 | 연습문제 | 실습 예제

SECTION 02 화면에서 움직이는 도형 58

1.1 도형에 색 채우기 58

1.2 프로세싱의 구조 59

1.3 도형의 이동 60

1.4 배경의 추가 61

1.5 조건의 추가 61

요약 | 연습문제 | 실습 예제

SECTION 03 전광판 글자 만들기 65

1.1 화면에 문장 출력하기 65

1.2 전광판 글씨 만들기 67

요약 | 연습문제 | 실습 예제

SECTION 04 선긋기 72

1.1 선 72

1.2 여러 개의 선 만들기 75

요약 | 연습문제 | 실습 예제

SECTION 05 키보드 79

1.1 키보드에 대한 반응 79

요약 | 연습문제 | 실습 예제

SECTION 06 마우스 85

1.1 마우스에 대한 반응 85

요약 | 연습문제 | 실습 예제

SECTION 07 영상 처리 및 애니메이션 91

1.1 영상 불러 오기 91

1.2 나비 애니메이션 만들기 94

요약 | 연습문제 | 실습 예제

SECTION 08 도형의 움직임 97

1.1 프레임 수 97

1.2 방향 바꾸기 98

1.3 이동과 회전 및 크기를 조절하는 예 100

요약 | 연습문제 | 실습 예제

SECTION 09 내장 함수로 주사위 시뮬레이션 103

1.1 프로세싱에 포함된 내장 함수 random() 103

1.2 주사위 실험 104

1.3 프로세싱의 내장 함수 소개 106

요약 | 연습문제 | 실습 예제

SECTION 10 함수 만들기 109

1.1 간단한 함수 만들기 109

1.2 함수에 대한 설명 110

1.3 눈사람 스케치 111

1.4 개구리 스케치 115

요약 | 연습문제 | 실습 예제

SECTION 11 클래스와 객체 122

1.1 클래스 소개 122

1.2 원 그리기 클래스 122

1.3 생성자와 객체 만들기 123

1.4 클래스로 이동하는 눈사람 만들기 125

요약 | 연습문제 | 실습 예제

SECTION 12 배열의 활용 128

1.1 배열의 선언, 생성 및 접근 128

1.2 배열에 대한 설명 129

1.3 정수배열의 활용 130

요약 | 연습문제 | 실습 예제

SECTION 13 3차원 그래픽 132

1.1 3차원 구 만들기 132

1.2 3차원 육면체 만들기 134

요약 | 연습문제 | 실습 예제

SECTION 14 웹 프로그래밍 137

1.1 웹 소개 137

1.2 웹의 영상읽기 137

1.3 마우스를 이용한 웹 링크의 스케치 139

요약 | 연습문제 | 실습 예제

SECTION 15 네트워크 143

1.1 클라이언트와 서버로 그림판 공유하기 143

요약 | 연습문제 | 실습 예제

SECTION 16 파일 입출력 149

1.1 바이트 저장 및 읽기 149

1.2 스트링으로 저장하고 읽기 150

요약 | 연습문제 | 실습 예제

SECTION 17 PDF 만들기 152

1.1 화면 출력없이 한 페이지 저장 152

1.2 화면 출력 없이 여러 페이지 저장 154

1.3 화면에 출력하면서 PDF 저장하기 155

1.4 화면 출력과 애니메이션의 프레임 저장 156

1.5 화면 출력하면서 여러 프레임을 한 파일로 157

요약 | 연습문제 | 실습 예제

SECTION 18 비디오 실행 159

1.1 여러 프레임 저장하기 159

1.2 비디오 실행하기 161

요약 | 연습문제 | 실습 예제

SECTION 19 PC 카메라 164

1.1 PC 카메라로 영상 읽기 164

요약 | 연습문제 | 실습 예제

SECTION 20 사운드 167

1.1 미님 소개 167

1.2 mp3 파일 읽기 167

1.3 소리 녹음 170

요약 | 연습문제 | 실습 예제

SECTION 21 실행 프로그램 만들기 173

1.1 응용프로그램 만들기(애플리케이션 제작) 173

요약 | 연습문제 | 실습 예제

SECTION 22 인터넷에 올리기 177

1.1 인터넷에 올리기(웹으로 출판, 애플릿 만들기) 177

요약 | 연습문제 | 실습 예제

SECTION 23 스마트폰 프로그래밍 180

1.1 안드로이드 프로그래밍 소개 180

1.2 설치 과정의 요약 181

1.3 프로세싱의 스마트폰 에뮬레이션 182

1.4 스마트폰에서 실행하기 183

요약 | 연습문제 | 실습 예제

PART 03
프로세싱 요리하기

SECTION 01 레이저로 공을 터뜨리는 게임 만들기 186

공 터뜨리기 게임의 작동 과정 설명 186
이 게임을 통한 단계별 학습내용 187
게임의 확장 187
1.1 마우스 이동 경로에 원 그리기 188
1.2 이전 화면 흔적을 지우기 189
1.3 함수 만들기 190
1.4 마우스의 응답 191
1.5 동영상의 표현 192
1.6 잔상 만들기 194
1.7 랜덤 값 만들기 195
1.8 공의 시작 위치를 자동으로 설정하기 197
1.9 게임의 종료 198
1.10 레이저가 공을 맞추었는가? 200
1.11 키보드 누르면 게임 다시 시작하기 202
1.12 클래스와 객체의 활용 202
1.13 게임 꾸미기 210
1.14 게임 출판하기 210
요약 | 연습문제

찾아보기 212

PART 01

프로세싱 맛보기

SECTION 01

프로세싱 준비하기

얼마만큼 알고 있나요?

프로세싱을 학습하기 전 간단한 사전지식 검사를 통해 어느 정도 알고 있는지 파악해 보겠습니다. 편안한 마음으로 문제를 풀어보세요.

Q1. 프로세싱은 무엇을 하는 것인가요?

( )

Q2. 프로세싱의 기능이 아닌 것을 고르세요. ( )

① 영상처리 ② 디지털 회로 ③ 물품배달 ④ 3D

Q3. size()의 괄호 속에 들어가는 매개 변수 x와 y는 무엇을 나타내는지 적으세요.

x = ( ) y = ( )

Q4. 다음과 같은 화면이 나타났을 때는 무슨 오류가 난 것인가요? ( )

① 오타의 오류

② 조건의 오류

③ 설정의 오류

④ 실행의 오류

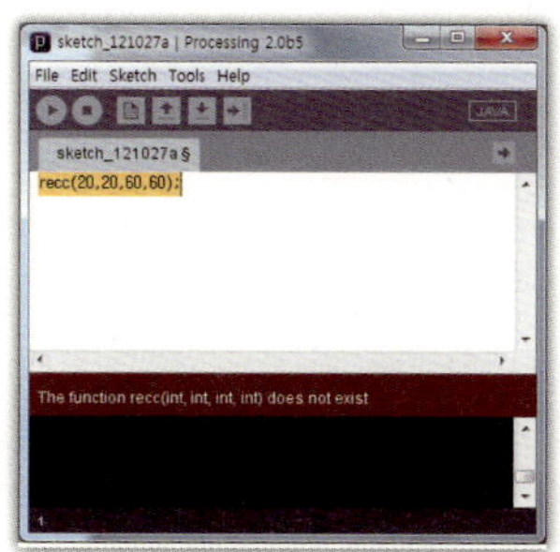

Q5. 선의 폭이 더 두꺼운 함수를 찾고자 한다. 괄호 안에 (>), (= =), (<)중 알맞은 기호를 적으세요.

StrokeWeight(5); (   ) StrokeWeight(10);

Q6. 선을 부드럽게 하기 위한 함수인 것을 고르세요. (   )

① soft();　　② smooth();

③ mild();　　④ gentle();

Q7. StrokeWeight() 함수가 무엇인지 설명하세요.

(   )

Q8. 함수와 출력 결과를 알맞게 짝 지으세요.

rect(80, 120, 120, 80); •　　• 

rect(50,100,180,150); •　　• 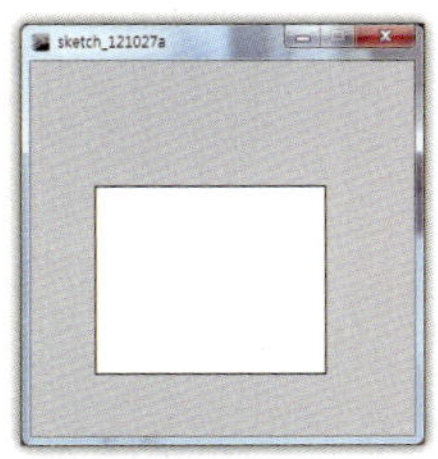

Q9. ellipse(150,220,10,10);와 ellipse(180,220,10,10);를 실행하면 다음 중 어떤 결과가 나올까요? (   )

① 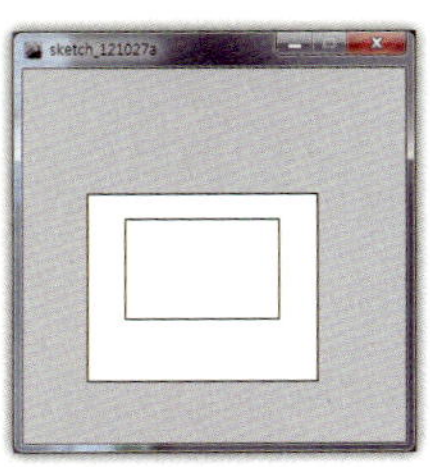

② 

Q10. 아래 그림의 번호에 해당하는 알맞은 용어를 쓰세요.

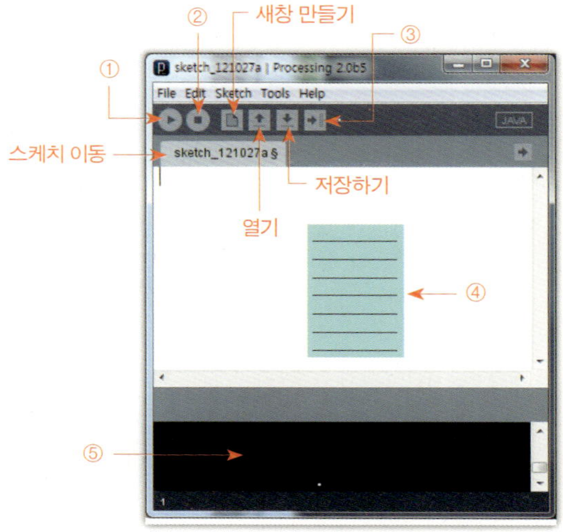

① (　　　　　　　　　　　　　　)

② (　　　　　　　　　　　　　　)

③ (　　　　　　　　　　　　　　)

④ (　　　　　　　　　　　　　　)

⑤ (　　　　　　　　　　　　　　)

Q11. 사각형을 그리기 위한 함수 중 바르게 표현한 것은 무엇일까요? (　　　　)

① rect(300,300);

② rect(20,20,60,60);

③ rectangle(20,20,60,60);

④ square(300,300);

Q12. 키보드에서 세미콜론을 선택하세요. (　　　　)

Q13. ①과 ②의 실행 모습을 아래 출력 창에 그리세요.

①

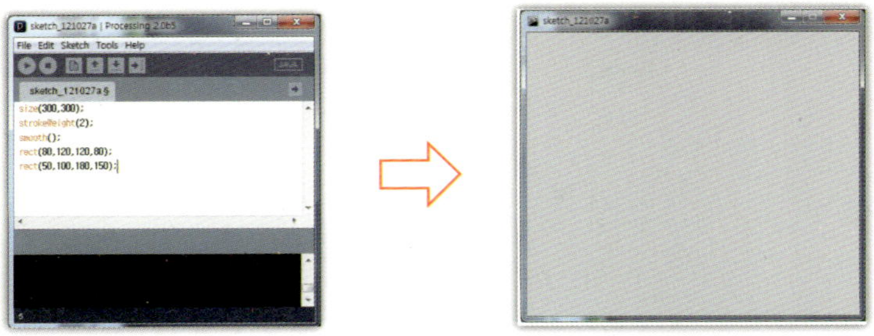

②

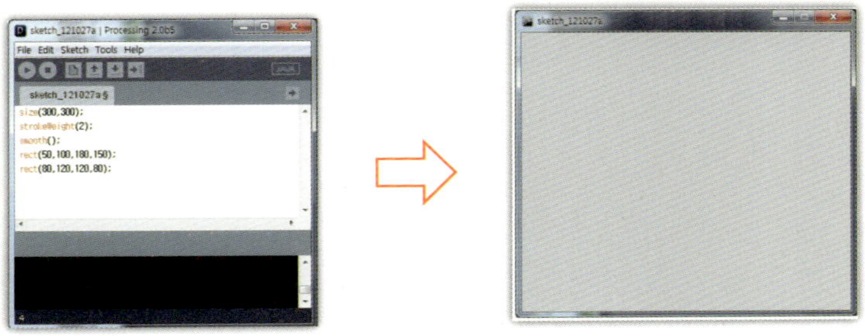

Q14. 아래 보이는 프로세싱 언어는 무엇을 그리는 코드인가요? (   )

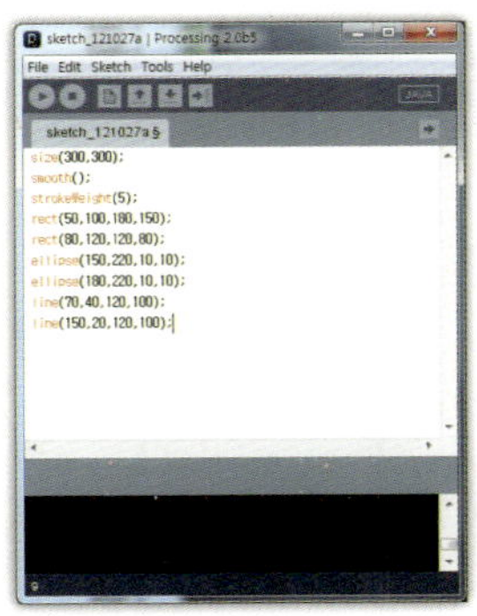

① 냉장고　　② 텔레비전　　③ 리모컨　　④ 선풍기

아래에 맞은 문항에 체크하고 몇 개의 문제를 맞혔는지 적어봅시다.

1	2	3	4	5	6	7	8	9	10	맞은 개수

[학습 전]에는 사전검사의 맞은 개수를 표시하고 [학습 후]에는 원하는 맞은 개수를 써 보세요.

(   )

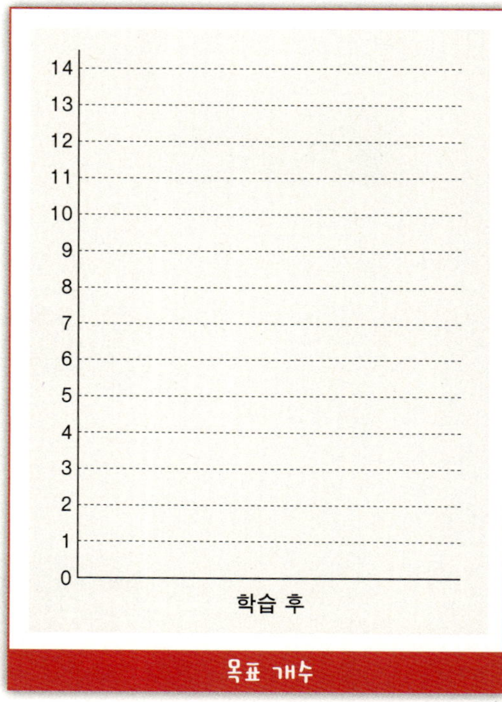

많이 틀렸다고 좌절하지 마세요. 아직 프로세싱에 대해 공부하지 않았으니 모르는 것이 당연합니다. 그럼, 이제 [학습 후]의 목표를 달성하기 위해 열심히 배워볼까요?

SECTION 02

프로세싱 이해하기

학습목표
- 프로세싱 언어 정의를 설명할 수 있다.
- 프로세싱을 활용하는 개발 환경을 만들 수 있다.
- 프로세싱의 기능과 속성을 나열할 수 있다.

학습내용
- 프로세싱을 시작하기 전에 프로세싱이 무엇이고 어떻게 왜 생겨났는지 알아봅시다.

1 프로세싱이란?

프로세싱(Processing) 프로그래밍 언어는 초보자나 디자이너, 미디어 아티스트들이 쉽게 사용할 수 있도록 개발되었습니다. 프로세싱에 대한 자세한 정보는 http://processing.org 사이트에 잘 설명되어 있습니다. 프로세싱은 C, C++, Java언어 등의 복잡한 개념을 숨겨서 간략하게 만들었습니다. 그래픽이나 이미지, 비디오, 사운드를 쉽게 다루는 명령어들을 내장하며, 라이브러리를 이용해 3D나 PDF, Video를 처리할 수 있고, Mac OS 등의 어느 플랫폼에서도 자바가 설치되어 있으면 동일한 코드로 실행이 가능합니다.

> **참고**
> **세계 여러 사람들이 함께 만들어가는 프로세싱**
> 프로세싱은 FLOSS(Free/Libre and Open Source Software) 프로젝트에서 개발하였고, 무료이며 누구나 활용할 수 있습니다. http://processing.org 사이트와 다양한 소셜 네트워크를 통해 온라인으로 정보를 공유합니다.

2 프로세싱의 특징과 기능

- 가장 최근에 태어난 멋진 언어입니다.
- 도형을 그리기 쉽습니다.
- 3차원을 쉽게 구현할 수 있습니다.
- PDF로 데이터를 저장할 수 있습니다.
- 영상처리가 매우 쉽습니다.
- 사운드 처리가 쉽습니다.
- 카메라를 연결하고 비디오를 바로 처리할 수 있습니다.
- 웹과 네트워크의 연결이 쉽고 자유롭습니다.
- SVG가 지원됩니다.
- 동영상 제작이 쉽습니다.

- 파일 입출력이 자유롭습니다.
- 아두이노 하드웨어와 쉽게 연동될 수 있습니다.
- 안드로이드 프로그램이 가능합니다.

요약

- 프로세싱은 초보자 및 디자이너나 미디어 아티스트에게 가장 적합합니다.
- 프로세싱은 여러 프로그래밍 언어의 장점을 선택해서 프로그래밍을 쉽게 할 수 있도록 합니다.
- 2D 그리기 및 3D 처리가 자유롭습니다.
- 영상 및 비디오 처리가 가능합니다.
- 응용프로그램, 웹프로그램, 스마트폰 프로그램을 할 수 있습니다.

참고

코드(Code): 사람의 말처럼 컴퓨터가 알아듣도록 명령을 부호화하는 것.
인터랙션(Interaction): 상호소통
프로토타입(Prototype): 제품을 생산하기 전에 미리 만들어 보는 선행제품.
라이브러리(Library): 도서관의 책처럼 관련된 프로그램을 모아둔 것.
응용프로그램(Application Program): 실행파일만 복사하면 어느 컴퓨터에서나 실행됨 .

연습문제

Q. 프로세싱은 어떤 프로그램입니까? (　　　　)

① 무상으로 공개된 프로그램　　② 유상으로 공개된 프로그램
③ 30일 동안 공개된 프로그램　　④ 맛보기로 공개된 프로그램

Q. 프로세싱에서는 프로그래밍 하는 것 또는 소스코딩을 무엇이라고 표현합니까?

(　　　　　　　　　　　　　　　　　　)

Q. 프로세싱 학습에는 C++나 JAVA에 대한 전문 지식이 꼭 필요합니까?

(　　　　　　　　　　　　　　　　　　)

피드백

Q. 프로세싱은 어떤 프로그램입니까? (　　　　)

① 무상으로 공개된 프로그램

② 유상으로 공개된 프로그램

③ 30일 동안 공개된 프로그램

④ 맛보기로 공개된 프로그램

★ 프로세싱은 무료이며 누구나 제한 없이 프로그램과 코드를 활용할 수 있다. 이를 오픈소스라 합니다.

Q. 프로세싱에서는 프로그래밍 또는 코딩을 무엇이라고 표현합니까?

(스케치)

★ 그림을 스케치하고 지우듯이 프로세싱에서도 프로그램을 스케치한다고 표현합니다.

Q. 프로세싱 학습에는 C++나 JAVA에 대한 전문 지식이 꼭 필요할까?

(그렇지 않다. 초보자도 배울 수 있다.)

★ 프로세싱(Processing)프로그래밍 언어는 초보자나 디자이너, 미디어 아티스트들이 쉽게 사용할 수 있도록 개발되었습니다.

SECTION 03

프로세싱 설치하기

학습목표
- 프로세싱 프로그램을 바탕화면에 다운받을 수 있다.
- 압축을 풀고, 프로세싱을 실행할 수 있다

반가워, 프로세싱!

프로그래밍은 눈으로 읽는 것으로는 부족하며 실습과 반복 학습이 필요합니다. 프로세싱을 웹사이트에서 다운받고 첫 스케치를 시작해봅시다.

1 프로세싱 설치하기

1. 인터넷 검색창에서 http://processing.org를 입력합니다.

2. 'Processing' 홈페이지 메인 화면에서 [Download Processing] 메뉴를 클릭합니다.

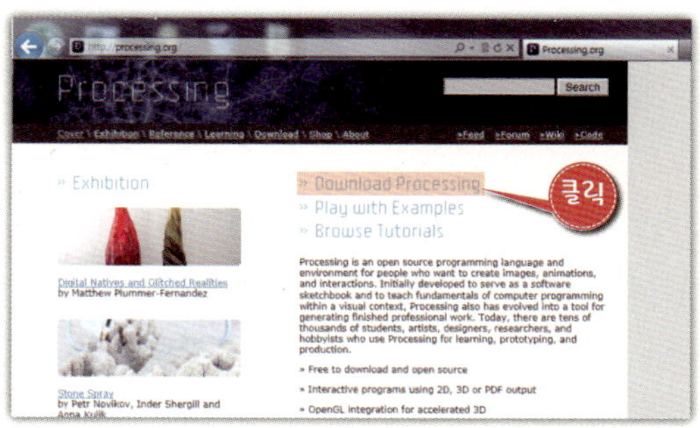

3. 'Download Processing' 화면에서 [Windows] 메뉴를 클릭합니다.

4. 다운로드 실행창에서 '바탕화면에 저장하기'를 정확하게 클릭하여 'Processing' 프로그램을 저장합니다.

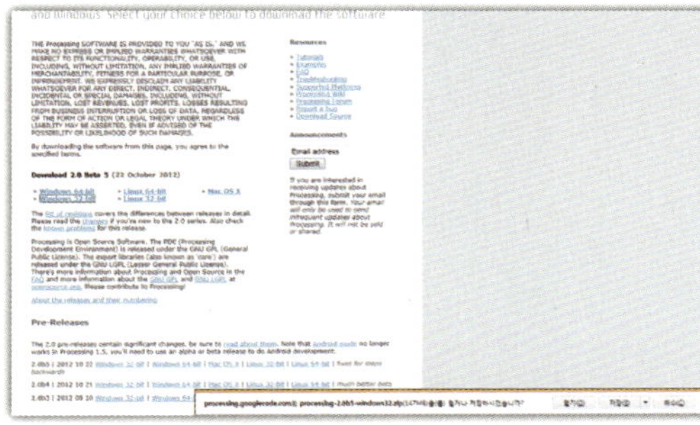

5. 컴퓨터 바탕화면에서 아이콘 P 을 찾아 더블 클릭하여 프로그램을 실행시킵니다.

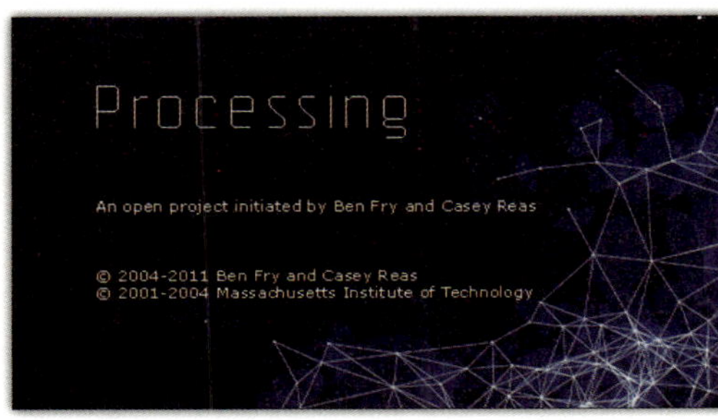

참고

성공적으로 실행된 화면을 "프로세싱 개발 환경" PDE(Processing Development Environment)라 합니다. PDE에서 프로그램의 스케치, 컴파일, 실행을 모두 할 수 있습니다.

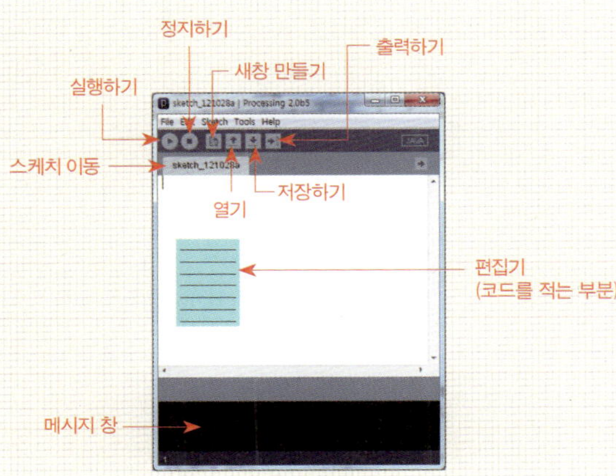

2 프로세싱 실행하기

1. 대각선 그리기

기능이 모두 잘 작동하는지를 확인하기 위해 첫 프로그램을 실행시켜봅시다.
흰 바탕으로 된 편집기에 다음 코드를 적습니다.

```
line(20,20,80,80);
```

이 코드는 좌표점(20, 20)에서 다른 좌표점(80, 80)까지 대각선을 긋는 스케치입니다.

2. 프로그램의 실행

프로그램의 실행(Run)은 위에서 3번째 줄에 있는 툴바의 왼쪽 삼각형 표시 버튼을 클릭하거나[Sketch > Run]을 선택하거나, 단축키로 Ctrl+R을 누르면 프로그램이 실행됩니다.

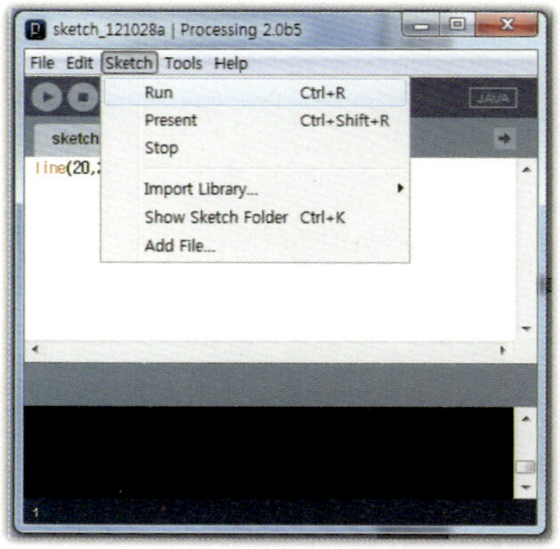

3.프로그램 실행의 결과

프로세싱에서는 기본적으로 가로 100픽셀 및 세로 100픽셀의 화면이 출력됩니다. 이 화면의 크기는 size ()함수로 설정할 수 있습니다.

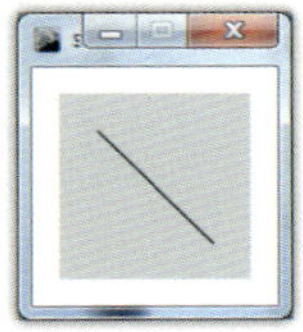

4. 오류 확인하기

프로그램에 잘못이 있는 경우 메시지 창에 붉은색으로 에러를 표시해줍니다. 오류의 예로 세미콜론을 끝에 찍지 않고 실행하면 오류가 그림과 같이 나옵니다.

5. 툴바의 두 번째 Stop 버튼  을 누르면 실행창이 없어집니다.

3 프로세싱 작품 감상하기

프로세싱 작품을 감상하려면 http://processing.org/의 왼쪽의 >>Exhibition을 눌러 보세요.

동영상 모습

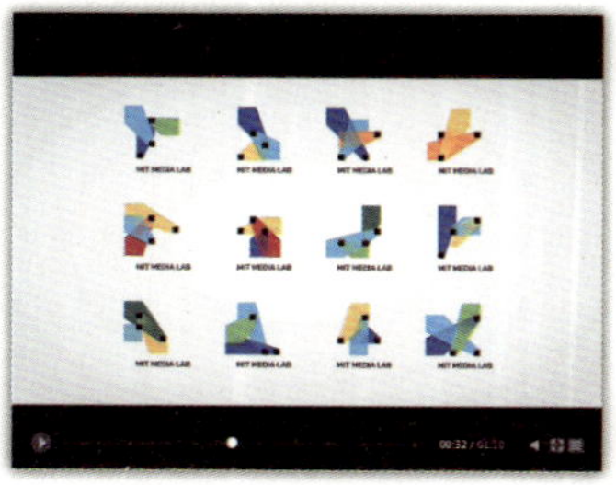

추천 작품 주소: http://www.thegreeneyl.com/mit-media-lab-identity-1

동영상 내용

MIT Media lab의 25주년을 맞이하여 로고를 프로세싱으로 제작하여 연구원들 모두의 명함에 기재하였습니다. 세 개의 사각형은 개인의 공헌을 의미하고 그 도형이 뿜어내는 모양은 오늘날의 미디어와 기술의 의미를 뜻합니다.

이처럼 프로세싱은 설치부터 만들기까지 아주 간단하고 쉽습니다. 어서 빨리 배우고 싶은 마음이 듬뿍듬뿍 생기지 않나요?

그럼 프로세싱을 설치해 봅시다.

요약

- Processing 다운로드와 설치
- 첫 프로그램 대각선 그리기
- 프로세싱 감상하기

연습문제

Q. Processing 공식 사이트 웹 주소로 옳은 것은 무엇입니까? (　　　　)

① http://www.naver.com

② http://www.andong.ac.kr

③ http://processing.org

④ http://www.oracle.com

Q. 다음 중 편집기인 것을 고르세요. (　　　　)

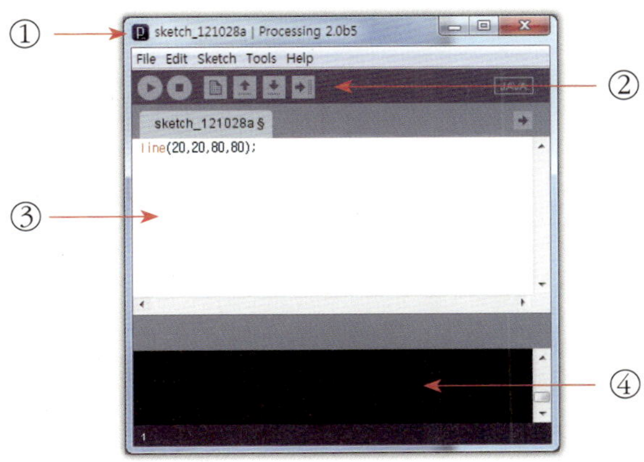

Q. 다음 아이콘 중, 프로세싱 아이콘으로 옳은 것은 무엇입니까? (　　　　)

① 　② 　③ 　④ 

Q. 관계있는 것끼리 바르게 연결하세요.

①  •	• 출력하기
②  •	• 실행하기
③  •	• 열기
④ 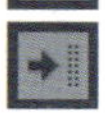 •	• 정지하기

Q. 오류가 났을 때 확인해야 하는 부분은 어디입니까?

(　　　　　　　　　　　　　　　　　　　　)

피드백

Q. Processing 공식 사이트 웹 주소로 옳은 것은 무엇입니까? (③)

① http://www.naver.com

② http://www.andong.ac.kr

③ http://processing.org

④ http://www.oracle.com

★ http://www.processing.org 혹은 http://processing.org 로 접속할 수 있습니다.

Q. 다음 중 편집기인 것을 고르세요. (③)

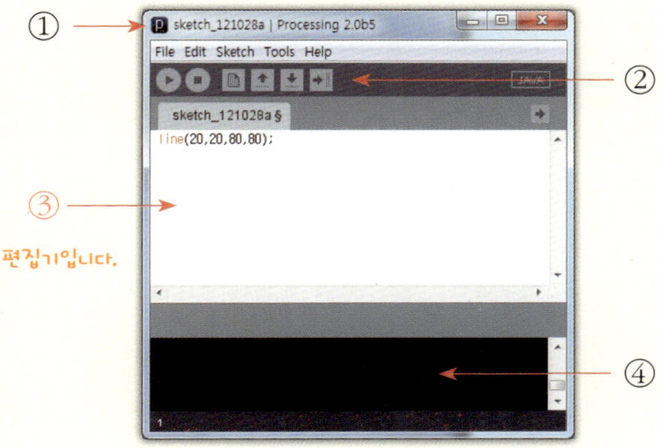

★ ③ 코드를 작성하는 편집기입니다.

Q. 다음 아이콘 중, 프로세싱 아이콘으로 옳은 것은 무엇입니까? (①)

① 

② 

③ 

④ 

★ ① 프로세싱의 아이콘입니다. ② 곰플레이어의 아이콘입니다. ③ 네이트온의 아이콘입니다. ④ 알약의 아이콘입니다.

Q. 관계있는 것끼리 바르게 연결하세요.

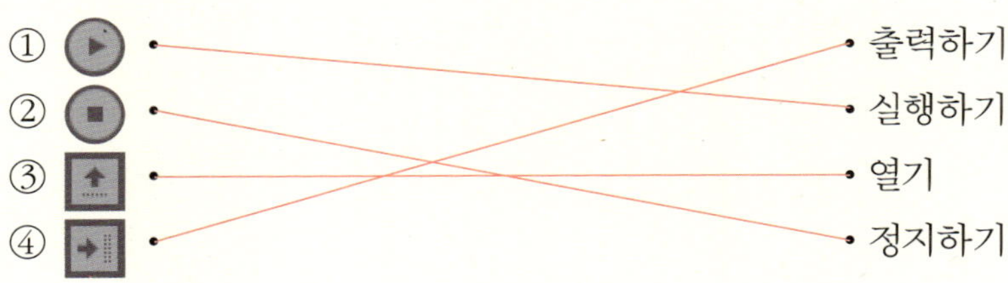

Q. 오류가 났을 때 확인해야 하는 부분은 어디입니까?

(세미콜론 혹은 ;)

★ 프로그램에 잘못이 있는 경우 메시지 창에 붉은색으로 에러를 표시해줍니다다. 오류의 예로 세미콜론을 끝에 찍지 않고 실행하면 오류가 다음과 같이 나옵니다.

SECTION 04

프로세싱 익히기

들춰보기
- 진짜 프로세싱의 묘미는 이제 시작입니다. 한국어나 영어를 배울 때 예문을 보며 학습하듯 프로세싱으로 텔레비전을 그리는 법을 따라 하면서 도형 그리기를 배워 봅시다.

학습목표
- 픽셀의 개념을 설명할 수 있다.
- 기본 도형인 사각형, 원, 선을 그릴 수 있다.
- 스케치 코드로 텔레비전을 그릴 수 있다.

1 픽셀 이해하기

컴퓨터는 픽셀이라고 하는 작은 사각형으로 구성되어 있습니다. 쉽게 말하면 컴퓨터 화면은 모눈종이처럼 되어 있습니다. 그러므로 컴퓨터에 도형을 그리는 것은 모눈종이에 도형을 그리는 것으로 이해하면 됩니다.

가장 작은 구성요소인 픽셀은 각 모눈종이 내에 좌표를 가지고 있습니다. 화면이 가로 200픽셀 및 세로 100픽셀이라면 좌표는 (0, 0)부터 (199, 99)까지 표시할 수 있습니다.

좌표는 (0, 0)부터 시작되므로 화면 크기가 200×100 픽셀일 때 마지막 위치를 (199, 99)라는 좌표로 표시합니다. 화면에서 가로축을 X축, 세로를 Y축으로 사용하므로 화면의 왼쪽 위가 (0, 0)이 됩니다. 아래 그림은 픽셀의 위치가 표시된 좌표를 나타냅니다.

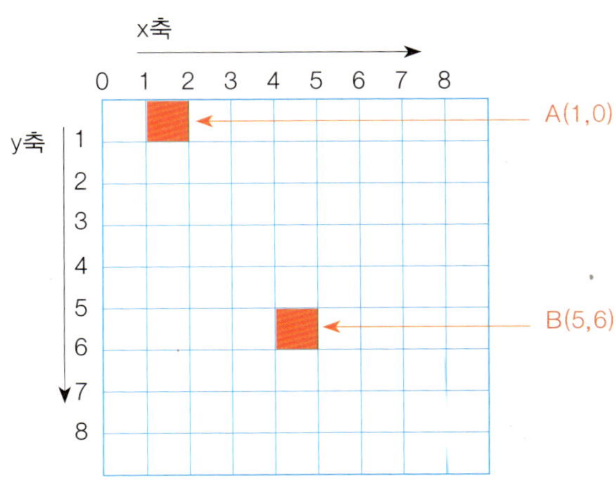

좌표 이해하기

좌표를 이용한 여러 가지 도형을 나타내었습니다. 도형을 창에 그리는 것은 앞에서 설명한 모눈종이에 그리는 것처럼 생각하면 됩니다.

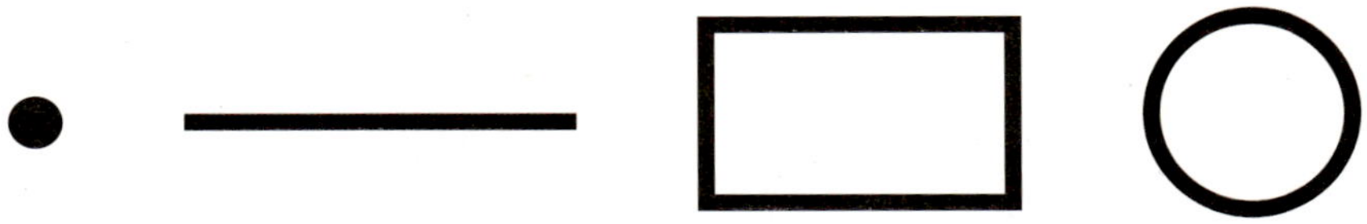

점 선 사각형 원

2 기본 도형을 그리기 위한 준비

좌표를 이용하여 여러 가지 도형을 그릴 수 있습니다. 도형을 창에 그리는 것은 앞에서 설명한 모눈종이에 그리는 것처럼 생각하면 됩니다.

1. 창 그리기

편집기에 다음처럼 코드를 적습니다.

```
size(300,300);
```

size()함수의 매개 변수는 2개입니다. 첫 번째 변수는 화면의 가로 길이인 너비를 지정하고, 두 번째 변수는 세로 길이인 화면의 높이를 지정합니다. 프로세싱에 코드를 입력하고 실행버튼을 누르면 실행된 결과를 보여주는 창이 나타납니다.

실행 창

2. 도형의 선

선 두께를 지정하기 위해 strokeWeight();함수를 사용합니다. 두께를 픽셀 크기로 지정할 수 있습니다. 또 선을 부드럽게 그리려면 smooth()를 사용합니다. 편집기에 다음처럼 코드를 적습니다.

```
strokeWeight(2);
smooth();
```

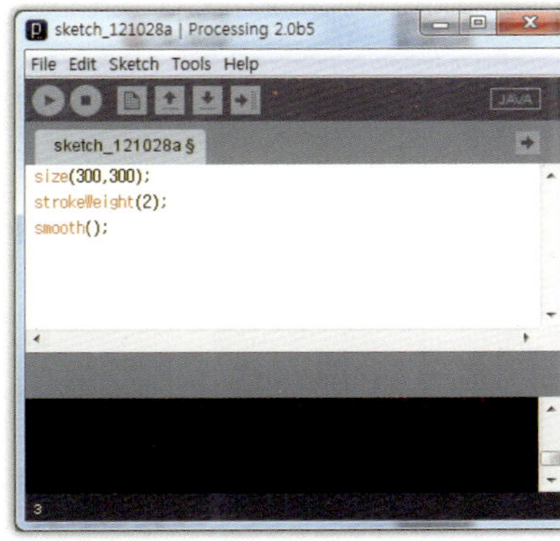

선 두께 지정 함수

3. 사각형 그리기

사각형을 그리는 함수는 rect()함수이며, 4개의 매개변수가 사용됩니다. rect()함수에서 첫 번째와 두 번째 매개 변수는 사각형의 시작점을 나타냅니다. 나머지 2개는 차례로 사각형의 너비와 높이를 의미합니다. 좌표 A(x, y)는 시작점을 정의합니다. 따라서 rect(1, 1, 6, 3)를 의미합니다.

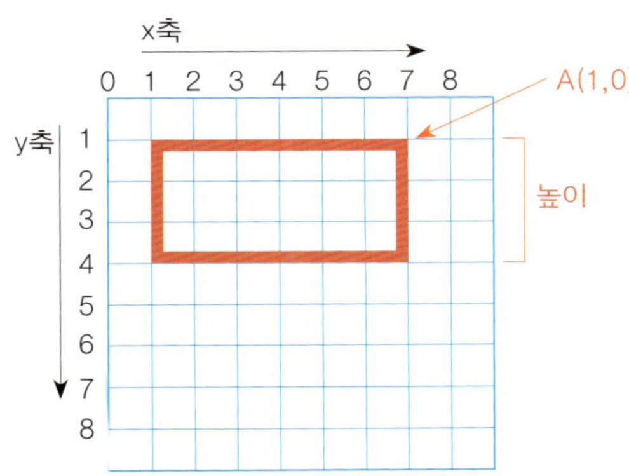

텔레비전의 틀을 그려봅시다. 편집기에 다음을 입력하세요.

```
rect(50,100,180,150);
rect(80,120,120,80);
```

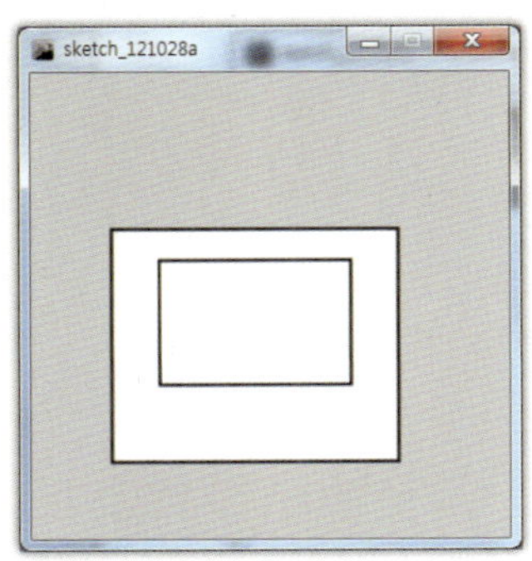

왼쪽 화면은 스케치를 실행한 결과입니다.

4. 원 그리기

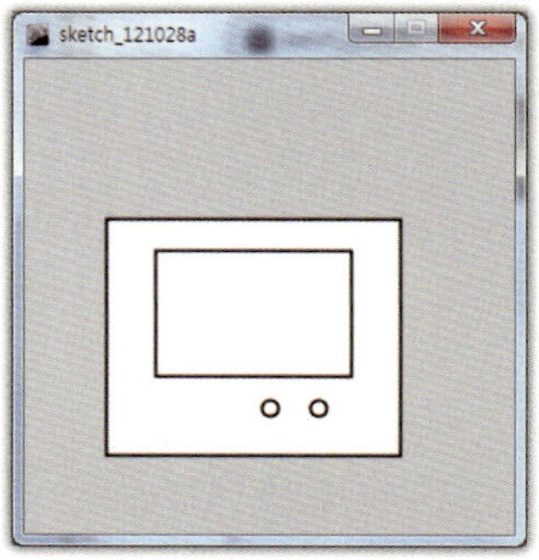

프로세싱으로 원을 그릴 때는 ellipse() 함수를 사용합니다. ellipse()는 매개변수가 4개, 즉 원의 중심 좌표와 원의 너비와 높이가 필요합니다.

채널 조정 버튼을 그려봅시다. 편집기에

```
ellipse(150,220,10,10);
ellipse(180,220,10,10);
```

을 입력합니다. 위의 코드를 실행시키면 그림과 같은 결과가 나옵니다.

★ 여기서 잠깐!

프로세싱에서 정사각형이나 정원을 그릴 때는 직사각형이나 타원형을 그릴 때와 마찬가지로 rect(), ellipse()을 사용하며 너비와 높이를 동일하게 지정해줍니다.

5. 선 그리기

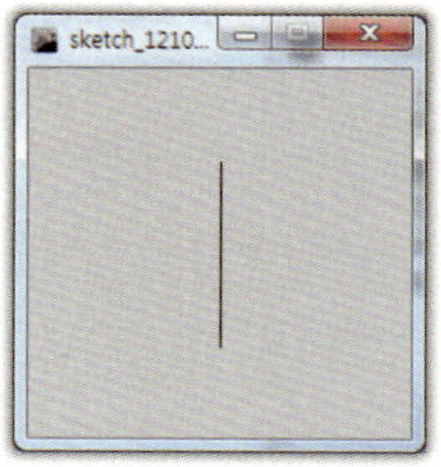

선 그리기는 line()함수를 사용합니다. line()함수의 괄호 속에 적는 매개변수는 4개이다. 선의 시작점 좌표와 끝점 좌표를 지정합니다. 즉 line(start_x1, start_y1, end_x2, end_y2) 순서로 입력합니다.

좌표 A(100, 50)과 좌표 B(100, 150)을 잇는 선을 그으려면 다음과 같이 코드를 입력합니다.

```
size(500,200);
line(100,50,100,150);
```

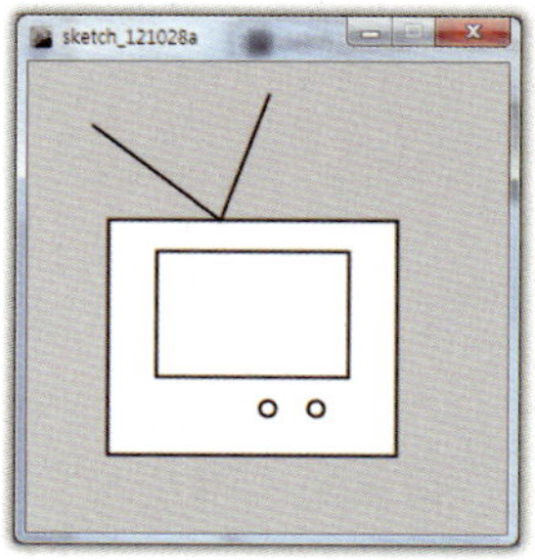

이 코드는 x좌표의 위치가 같으므로 수직선을 그립니다. 반대로 y 위치가 같고 x의 위치가 변하면 수평선이 그려집니다.

안테나를 그려봅시다. 편집기에

```
line(40,40,120,100);
line(150,20,120,100);
```

을 입력하자. 위의 코드를 실행시키면 오른쪽 그림과 같은 결과가 나옵니다. 짠, 완성!

참고

선 두께를 처음에 지정하면 다음에 다시 지정할 때까지 계속 적용됩니다. 또한 도형을 겹쳐서 그릴 때는 나중에 입력한 도형이 맨 위로 올라옵니다.

6. 텔레비전 그리기

지금까지 텔레비전을 코드 하나하나씩 작성하여 그려보았습니다. 옆의 그림을 통해 프로세싱으로 텔레비전 그리기를 한 눈에 볼 수 있습니다.

그림판을 이용하지 않고도 이렇게 간단하게 그림을 그릴 수 있는 사실에 놀랍지 않나요?

2부에서는 텔레비전 외에도 다양하게 응용하여 더 정교하고 복잡한 작품을 만들어 볼 수 있습니다.

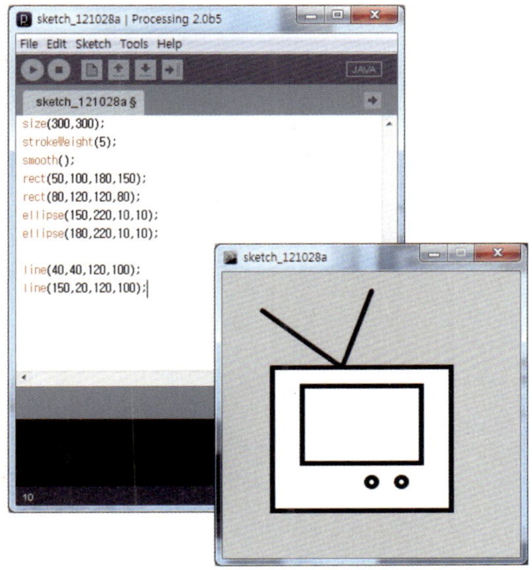

참고

프로세싱 보기와 비보기

컴퓨터는 명령하는 순서 그대로 행동하기 때문에 코드의 순서를 바꿔서 입력하면 출력형태가 완전히 달라집니다. 순서에 주의하기 바랍니다.

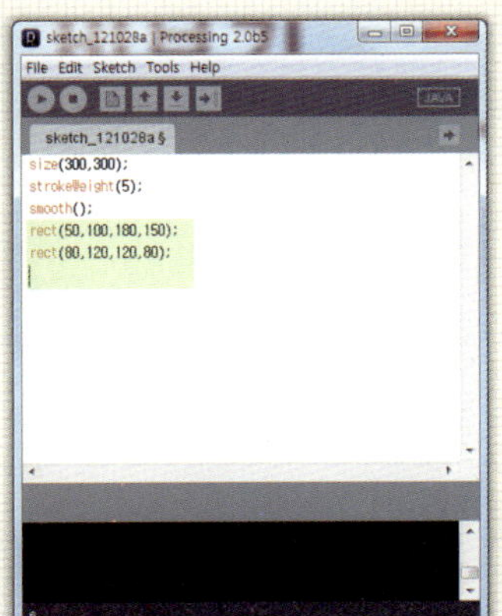

보기

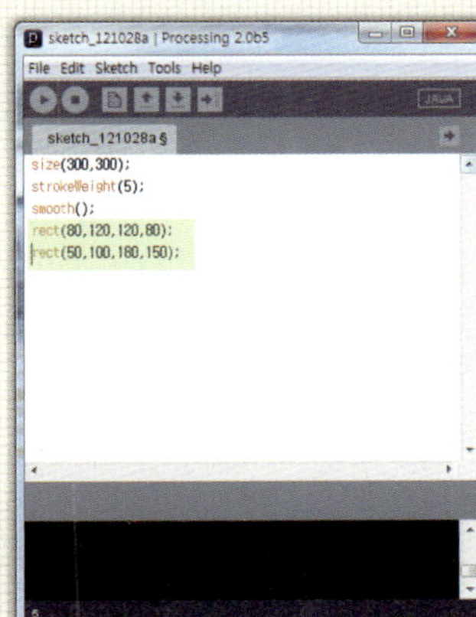

비보기

연습문제

Q. 컴퓨터 화면을 구성하는 가장 작은 단위를 무엇이라고 합니까?

(   )

Q. 프로세싱에서 X축과 Y축은 어느 곳을 말합니까?

(   )

Q. 프로세싱 스케치에 rect(100, 50, 150, 100);을 입력했을 때 사각형이 시작되는 지점의 좌표는 무엇입니까?

(   )

피드백

Q. 컴퓨터 화면을 구성하는 가장 작은 단위를 무엇이라고 합니까?

(픽셀(Pixel))

★ 컴퓨터는 픽셀이라고 하는 작은 사각형으로 구성되어 있습니다. 쉽게 말하면 컴퓨터 화면은 모눈종이처럼 되어 있다고 생각하세요. 그러므로 컴퓨터에 도형을 그리는 것은 모눈종이에 도형을 그리는 것으로 이해하면 됩니다.

Q. 프로세싱에서 X축과 Y축은 어느 곳을 말합니까?

(X축은 가로, Y 축은 세로)

★ 화면에서는 가로축을 X축, 세로를 Y축으로 사용합니다.

Q. 프로세싱 스케치에 rect(100, 50, 150, 100);을 입력했을 때 사각형이 시작되는 지점의 좌표는 무엇입니까?

((100,50))

★ 사각형을 그리는 함구는 rect()함수이며, 4개의 매개변수가 사용됩니다. Rect()함수에서 첫 번째와 두 번째 매개변수는 사각형의 시작점을 나타냅니다. 나머지 2개는 차례로 사각형의 너비와 높이를 의미합니다.

SECTION

05 프로세싱 확인하기

얼마만큼 잘 학습하였는가?

지금까지 학습 한 내용을 바탕으로 어느 정도 학습이 잘 되었는지 확인해봅시다. 모르는 부분은 피드백을 통해서 확실히 익힐 수 있도록 합시다.

Q1. 프로세싱이란 무엇입니까?

( )

Q2. 프로세싱의 기능으로 아닌 것은 무엇입니까? ( )

① 영상처리 ② 디지털 회로 ③ 물품배달 ④ 3D

Q3. size() 함수에서 매개 변수 x와 y의 성질을 바르게 진술하세요.

x = ( ) y = ( )

Q4. 다음과 같은 화면이 나타났을 때는 무슨 오류가 난 것인가요? ( )

① 오타의 오류

② 조건의 오류

③ 설정의 오류

④ 실행의 오류

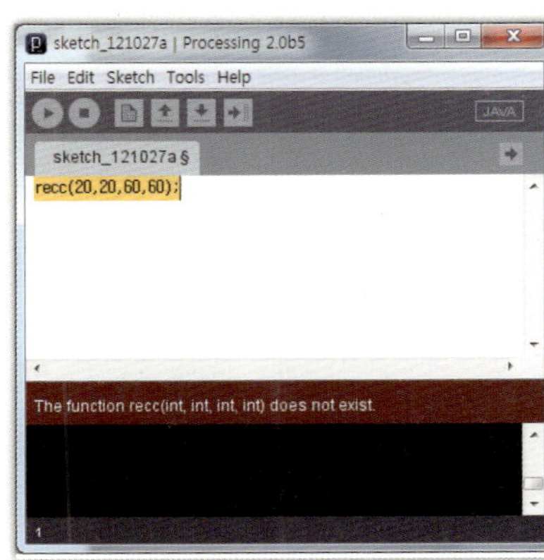

Q5. 더 두꺼운 함수를 찾고자 한다. 괄호 안에 (>), (==), (<)중 알맞은 기호를 적으세요.

strokeWeight(5); (   ) strokeWeight(10);

Q6. 선을 부드럽게 하기 위한 함수인 것은? (   )

① soft();　　② smooth();

③ mild();　　④ gentle();

Q7. strokeWeight() 함수가 무엇인가요?

(   )

Q8. 함수와 출력 결과를 알맞게 짝 지으세요.

rect(80, 120, 120, 80); •　　•

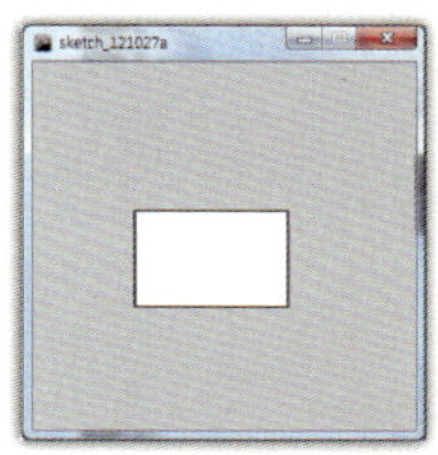

rect(50,100,180,150); •　　•

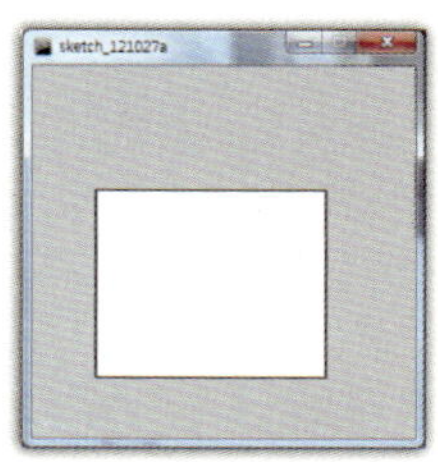

Q9. ellipse(150,220,10,10);와 ellipse(180,220,10,10);를 정확하게 입력한 것으로 옳은 것은? (   )

①

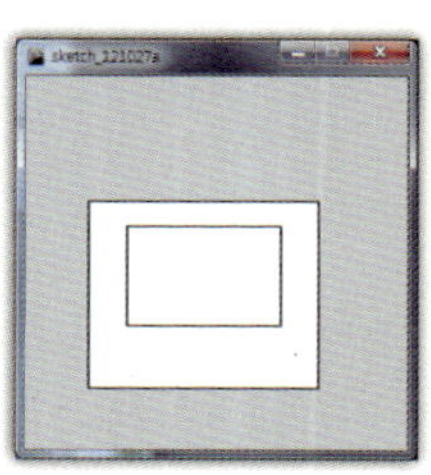

②

Q10. 아래 그림의 번호에 해당하는 알맞은 용어를 쓰세요.

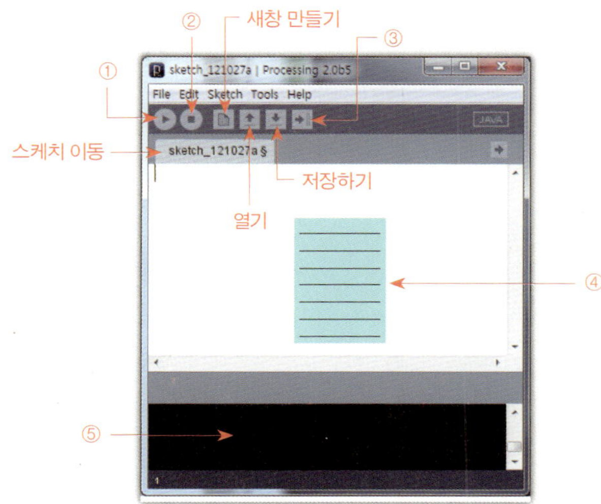

① (   )

② (   )

③ (   )

④ (   )

⑤ (   )

Q11. 사각형을 그리기 위한 함수 중 바르게 표현한 것은? (   )

① rect(300,300);

② rect(20,20,60,60);

③ rectangle(20,20,60,60);

④ square(300,300);

Q12. 세미콜론인 것을 고르세요. (   )

Q13. ①와 ②의 실행 모습을 아래 출력 창에 그리세요.

①

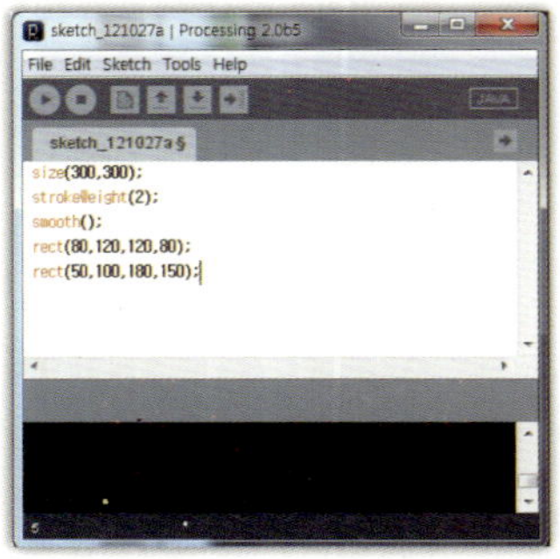

②

Q14. 아래 보이는 프로세싱 언어는 무엇을 그리는 스케치인가요? (   )

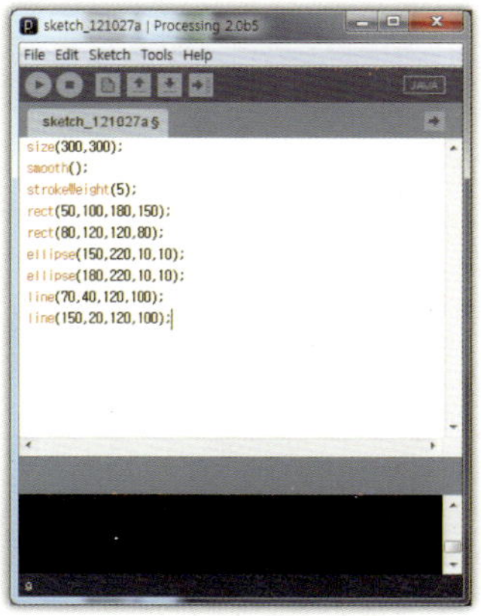

① 냉장고　　② 텔레비전　　③ 리모컨　　④ 선풍기

아래에 맞은 문항에 체크하고 몇 개의 문제를 맞혔는지 적어봅시다.

1	2	3	4	5	6	7	8	9	10	맞은 개수

[학습 전]에는 Section 1 사전검사에서 맞은 개수를 표시하고 [학습 후]에는 방금 풀은 문제 중에 맞은 개수를 써 보세요.

(　　　　　　　　　　　　　　　　)

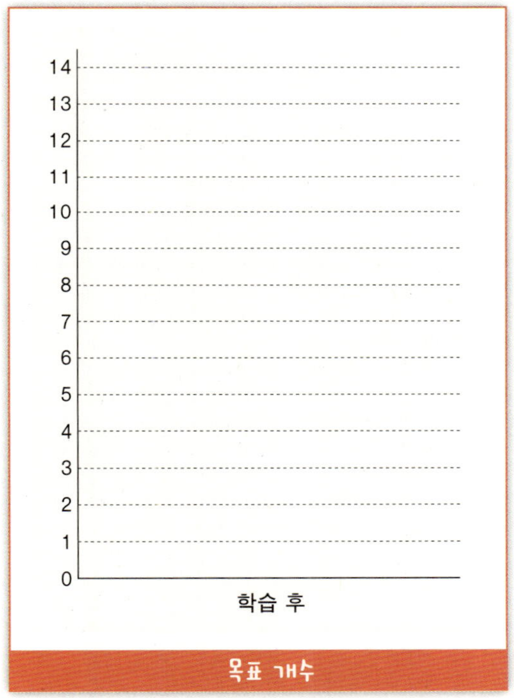

어느 정도 올랐나요? 목표는 달성하였나요? 다른 컴퓨터 언어와 비교해 볼 때 이처럼 쉽고 재미있는 프로그램 언어는 아직까지는 없습니다. 프로세싱에 대해 더 많은 내용을 알고 싶다면 다음 장을 계속해서 공부하세요!

이 교재의 학습을 마치면 프로세싱을 이용하여 자신만의 미니 게임을 만들어 볼 수 있습니다.

피드백

Q1. 프로세싱이란 무엇입니까?

(프로세싱은 C나 C++, Java등의 복잡한 개념을 숨겨서 간략하게 만든 프로그램)

★ 사용할 수 있도록 개발되었습니다. 프로세싱에 대한 자세한 정보는 http://proceSSing.org사이트에 있습니다. 프로세싱은 C나 C++,Java등의 복잡한 개념을 숨겨서 간략하게 만들었습니다. 그래픽이나 이미지, 비디오, 사운드를 쉽게 다룰 수 있는 명령어들을 내장하며, 라이브러리를 이용해 3D나 PDF, Video, Mac OS등의 어느 플랫폼에서도 자바가 설치되어 있으면 동일한 스케치의 실행이 가능합니다.

Q2. 프로세싱의 기능으로 아닌 것은? (③)

① 영상처리 ② 디지털 회로 ③ 물품배달 ④ 3D

★ 프로세싱은 C나 C++,Java등의 복잡한 개념을 숨겨서 간략하게 만들었습니다. 그래픽이나 이미지, 비디오, 사운드를 쉽게 다룰 수 있는 명령어들을 내장하며, 라이브러리를 이용해 3D나 PDF, Video, Mac OS등의 어느 플랫폼에서도 자바가 설치되어 있으면 동일한 스케치의 실행이 가능합니다.

Q3. size() 함수에서 매개 변수 x와 y의 성질을 바르게 진술하세요.

x=(가로) y=(세로)

★ Size()함수는 매개 변수가 2개입니다. 첫 번째는 화면의 가로길이인 너비를 지정하고, 두 번째는 화면의 세로 길이인 높이를 지정합니다.

Q4. 다음과 같은 화면이 나타났을 때는 무슨 오류가 난 것인가요? (①)

① 오타의 오류

② 조건의 오류

③ 설정의 오류

④ 실행의 오류

★ 프로그램에 잘못이 있는 경우 메시지 창에 붉은색으로 에러를 표시해줍니다. 함수가 없다고 나와 있으므로 오타가 났다는 것을 알 수 있습니다. 그러므로 오타의 오류입니다.

Q5. 더 두꺼운 함수를 찾고자 한다. 괄호 안에 (>), (==), (<)중 알맞은 기호를 적으세요.

strokeWeight(5); (<) strokeWeight(10);

★ 괄호 속에 선의 두께는 10진수로 지정하며 그 숫자가 클수록 두껍습니다.

Q6. 선을 부드럽게 하기 위한 함수인 것은? (②)

① soft();　　② smooth();

③ mild();　　④ gentle();

★ 선을 부드럽게 그리려면 Smooth()함수를 사용한다. ①,③,④ 은 없는 함수입니다.

Q7. strokeWeight() 함수가 무엇인가요?

(괄호 안에 숫자를 입력하면 선 두께를 조절하는 함수)

★ 선 두께를 지정하기 위해 Strokeweight();함수를 사용합니다. 두께를 픽셀 크기로 지정할 수 있습니다.

Q8. 함수와 출력 결과를 알맞게 짝 지으세요.

rect(80, 120, 120, 80);

rect(50,100,180,150);

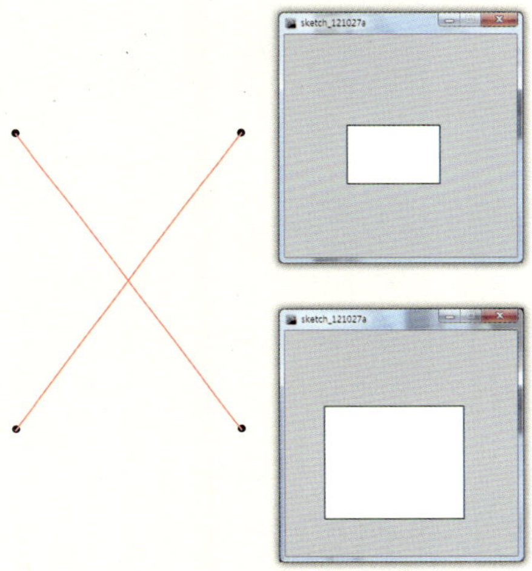

Q9. ellipse(150,220,10,10);와 ellipse(180,220,10,10);를 정확하게 입력한 것으로 옳은 것은? (②)

①

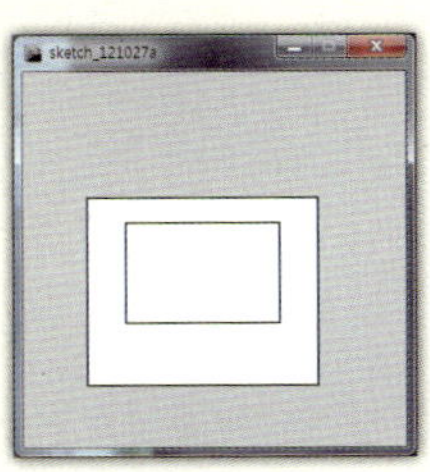

②

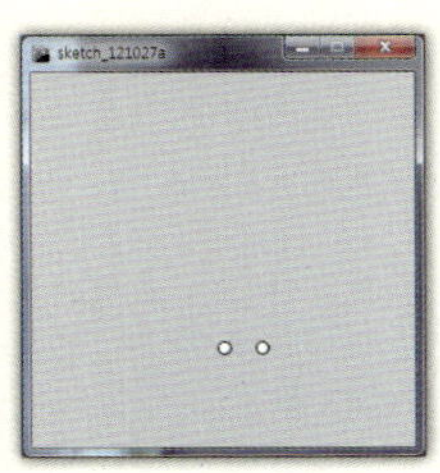

★ ellipse()는 원을 그리는 함수입니다. 사각형을 그리는 함수는 rect()입니다.

Q10. 아래 그림의 번호에 해당하는 알맞은 용어를 쓰세요.

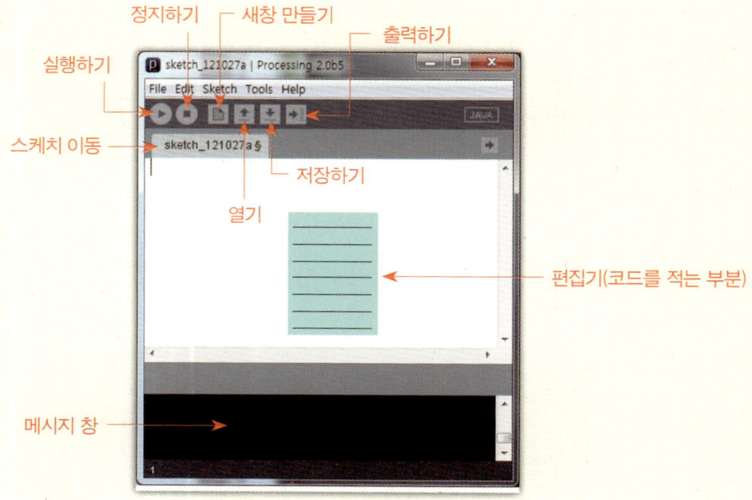

① (   )

② (   )

③ (   )

④ (   )

⑤ (   )

Q11. 사각형을 그리기 위한 함수 중 바르게 표현한 것은? (②)

① rect(300,300);

② rect(20,20,60,60);

③ rectangle(20,20,60,60);

④ square(300,300);

★ 사각형을 그리는 함수는 rect()함수이며, 4개의 매개변수가 사용합니다. rect()함수에서 첫 번째와 두 번째 매개변수는 사각형의 시작점을 나타냅니다. 나머지 2개는 차례로 사각형의 너비와 높이를 의미합니다.

Q12. 세미콜론인 것을 고르세요. (①)

★ ① ;를 세미콜론이라 합니다. ② 는 enter키로 새 줄로 시작할 때 누르며 ③ 은 Alt키입니다. ④ 는 취소및 지우기 기능이 있는 esc키입니다.

Q13. ①와 ②의 실행 모습을 아래 출력 창에 그리세요.

①

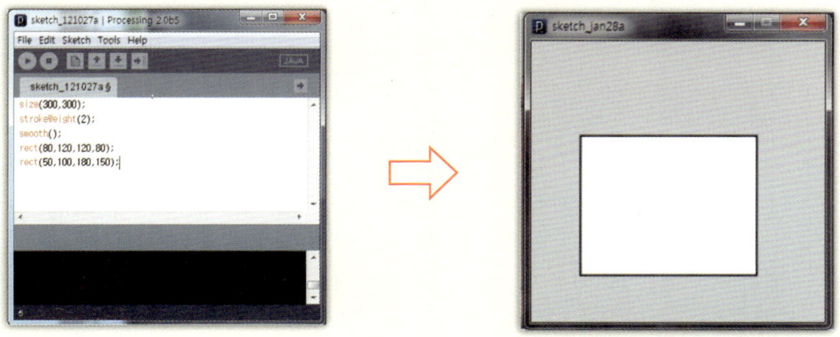

②

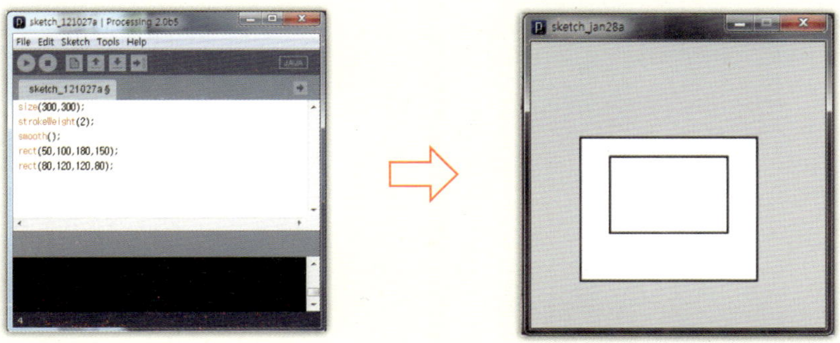

★ 도형을 겹쳐서 그릴 때는 나중에 입력한 도형이 맨 위로 올라옵니다.

Q14. 아래 보이는 프로세싱 언어는 무엇을 그리는 스케치인가요? (　②　)

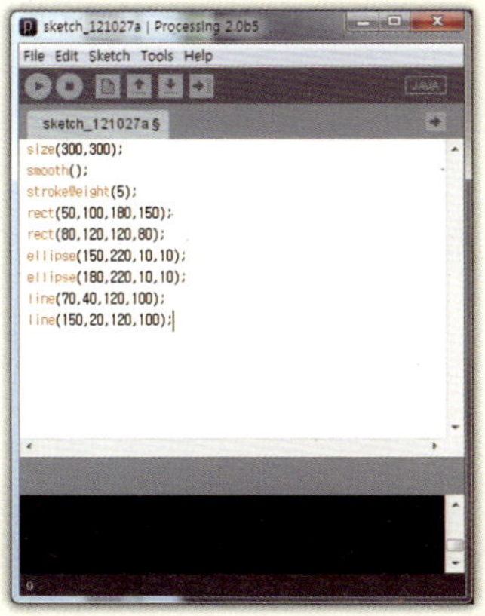

① 냉장고　　② 텔레비전　　③ 리모컨　　④ 선풍기

★ 위의 스케치는 텔레비전을 그리는 스케치입니다. 실행하면 아래 그림과 같은 모양이 나옵니다.

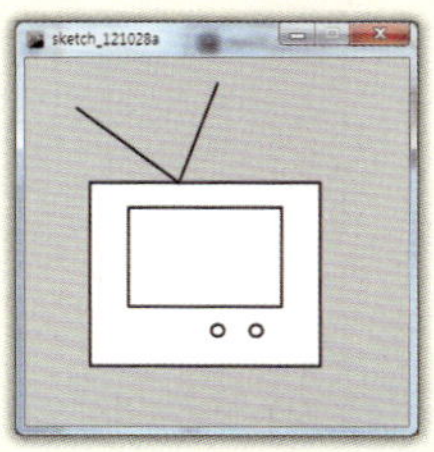

PART

02

프로세싱 요리법 익히기

SECTION 01

사각형 그리기

학습목표 • 웹 사이트에서 프로세싱을 다운받아 rect(); 함수로 사각형을 그릴 수 있다.

학습내용
- 프로세싱 소개
- 프로세싱 다운로드와 압축풀기
- 소스코드 스케치 작성과 실행
- rect(); 함수를 이용한 사각형 그리기

1.1 프로세싱 소개

프로그램을 처음 해보는 내가 게임을 만들 수 있을까? 스마트폰의 어플을 만들 수 있을까? 프로세싱을 배우면 가능합니다. 프로세싱은 무료이며, 대화하듯이 프로그램을 작성할 수 있습니다.

프로그램으로 무엇을 할 수 있을까요? 도형이나 글자를 화면에 나타낼 수 있습니다. 사진을 화면에 출력하고, 소리도 재생할 수 있습니다. 물론 덧셈 뺄셈과 같은 수학 계산도 가능합니다. 인터넷 접속도 할 수 있고 통신 프로그램 작성도 가능합니다. 프로세싱은 컴퓨터응용 프로그램뿐만 아니라 인터넷의 웹 프로그램과 스마트폰용 어플도 작성할 수 있어 매력적입니다.

1.2 프로세싱의 다운로드 및 압축 풀기

프로세싱의 설치는 인터넷에서 프로그램을 다운받아 압축을 풀기만 하면 됩니다. 설치 프로그램이 따로 없습니다. 원하는 폴더나 바탕화면에 저장하고, 압축을 풀어봅시다.

- http://processing.org 사이트에 접속
- [download processing]-[↓Windows] 선택
- 바탕화면에 저장하고 압축풀기

사용하는 컴퓨터에 JAVA가 없는 경우

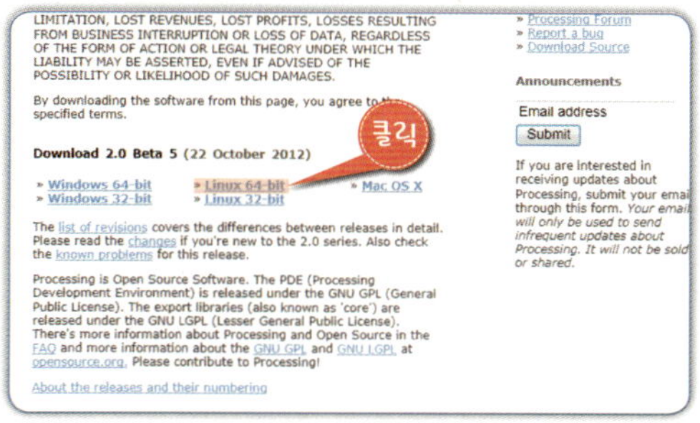

사용하는 컴퓨터에 JAVA가 있는 경우

그림 1 Java가 있는 경우와 없는 경우 다운로드 하기 (왼쪽 선택을 추천) ★ 조심! 잘 모르면 오른쪽을 선택하세요.

1.3 프로세싱의 첫 프로그래밍

1 프로세싱을 실행하기

압축을 푼 폴더를 열면 그림 2처럼 보입니다. [P Processing]을 더블 클릭하세요. 만약 실행이 안 되면 네이버 카페 '재미삼아 프로세싱'에서 해결책을 찾아보세요.

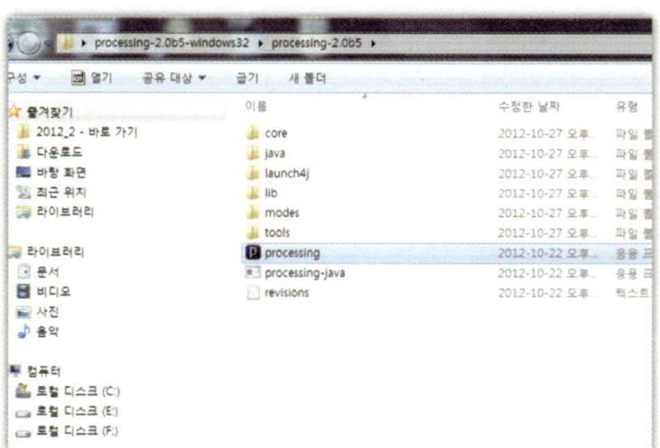

그림 2 프로세싱의 실행

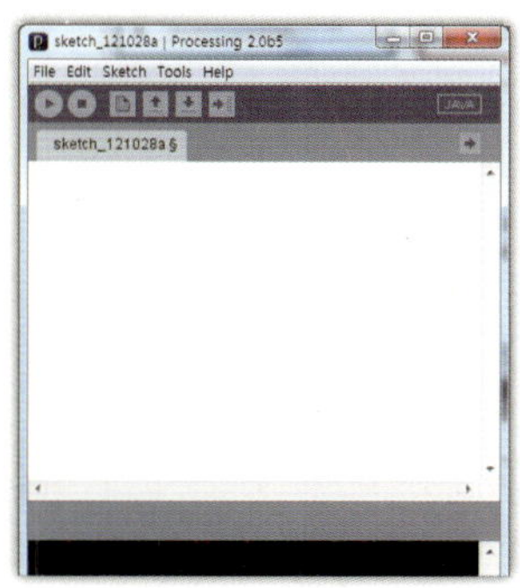

그림 3 프로세싱이 실행된 창

2 스케치의 작성

첫 작품으로 새 창에 사각형을 그려봅시다. 빈 화면에 rect(20,20,60,60);을 입력하세요. 이와 같이 프로그램 코드를 적는 것을 일반 프로그램에서는 "코딩"이라 하고 프로세싱에서는 "스케치"라고 합니다.

사각형은 rect(); 함수로 그립니다. 프로세싱의 함수는 미리 정해진 기능을 수행합니다. rect를 함수 이름이라 하는데, 함수에는 꼭 괄호( )가 붙습니다. 괄호 속의 숫자를 매개 변수라 하는데, rect() 함수의 경우 네 개의 숫자는 시작 지점(20, 20)과 사각형의 크기(60, 60)를 의미합니다. 프로그램의 한 줄 끝에는 세미콜론(;)을 찍어야 합니다.

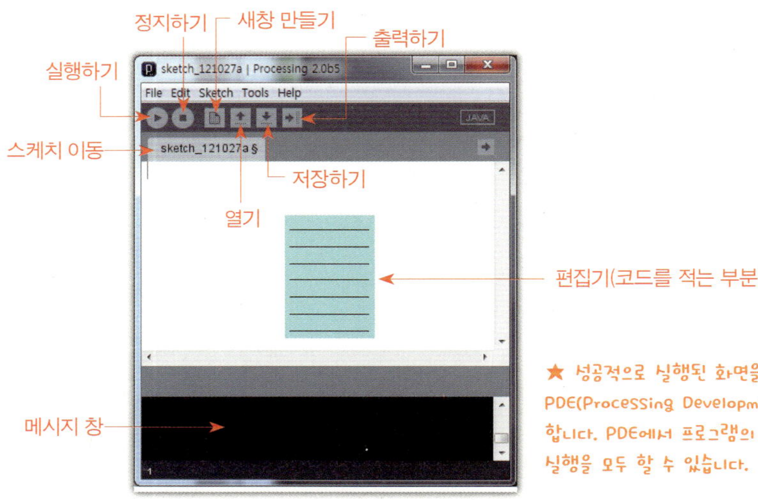

★ 성공적으로 실행된 화면을 "프로세싱 개발 환경" PDE(Processing Development Environment)라 합니다. PDE에서 프로그램의 스케치, 컴파일, 실행을 모두 할 수 있습니다.

그림 4 **프로세싱 개발환경 화면**

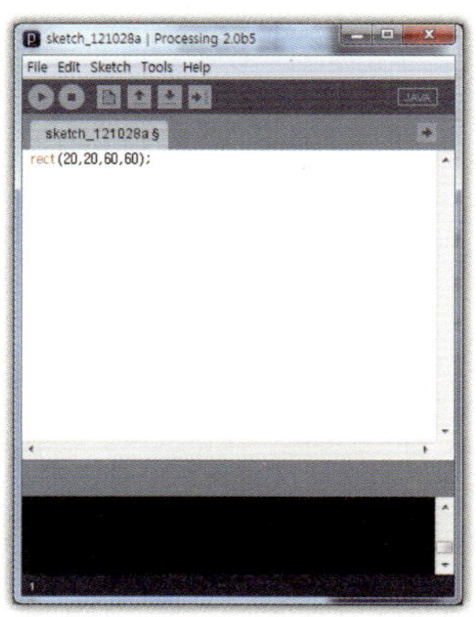

그림 5 **스케치의 작성**

3 프로그램의 실행

작성된 스케치를 실행하려면 플레이 버튼(▶)을 누르세요. 왼쪽에 새로운 창이 만들어지고 사각형이 그려지면 성공입니다.

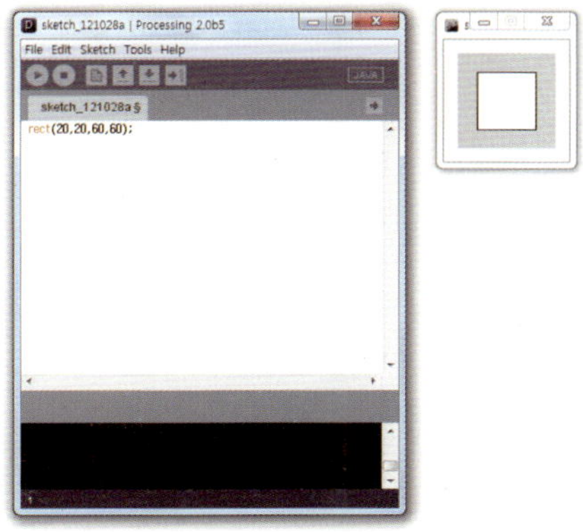

그림 6 스케치가 실행된 창

혹시 창이 나타나지 않고 창의 아래 부분에 붉은색의 메시지가 보이면 스케치를 수정합니다.

1.4 오류 수정하기

프로그램은 작성하는 것 보다 오류 수정이 더 어렵습니다. 글자 하나가 틀려도 작동되지 않으므로 주의가 필요합니다.

오류 1 : 실수로 끝에 세미콜론을 붙이지 않은 경우

가장 많이 하는 실수가 한 줄 끝에 세미콜론(;)을 붙이지 않는 경우입니다. 그림 7처럼 세미콜론을 붙이지 않으면 오류가 나옵니다.

그림 7 세미콜론이 빠진 경우 오류 화면

오류 2 : 콤마(,) 대신 점(.)을 찍은 경우

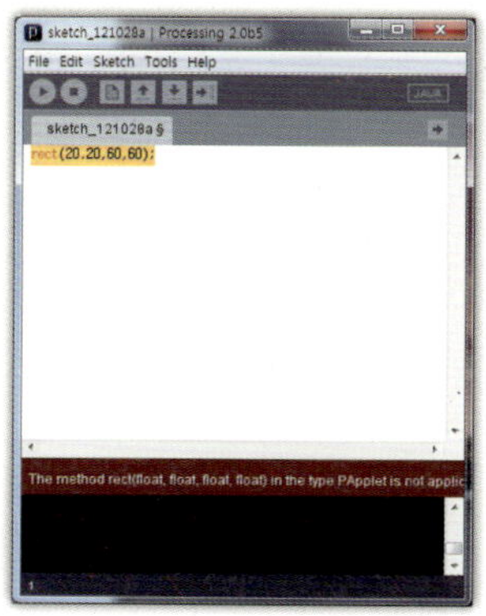

그림 8 숫자 사이는 콤마를 찍어야 하는데 점을 찍은 경우 오류

요약

- 사용자 대화 방식의 프로세싱 언어는 무료 프로그램
- 프로세싱의 다운로드 및 압축풀기, 설치 및 실행
- 사각형은 rect() 함수로 그림
- 한 줄 끝에서는 세미콜론(;)을 붙임
- 오류를 수정하는 방법 학습

연습문제

Q1. 스케치(소스코드) 작성이란?

Q2. 프로세싱은 무료인가 유료 프로그램인가?

Q3. 프로세싱의 홈페이지 주소는?

Q4. 프로세싱으로 스마트폰 프로그래밍을 할 수 있을까?

Q5. 프로그램의 한 줄 끝에는 무엇을 붙여야 하는가?

Q6. 프로세싱에서 도움말을 사용하려면?

실습 예제

1. 중심 (50,50)에 가로와 세로 (80,80)인 원을 그리세요. ★ 힌트: 원을 그리는 함수 ellipse();

```
ellipse(50, 50, 80, 80);
```

연습문제 해답

1. 편집기로 프로그램 코드를 입력하는 것 2. 무료프로그램 3. http://processing.org 4. 할 수 있다. 5. 세미콜론
6. Processing을 실행하고, Help 메뉴에서 Reference를 누른다. 그리고 궁금한 키워드를 입력한다.

SECTION 02

화면에서 움직이는 도형

학습목표
- 검은 배경 화면에 흰색 사각형이 오른쪽으로 지나가도록 하고, 완전히 사라지면 다시 처음부터 나오도록 할 수 있다. if 조건문을 사용한다.

학습내용
- 도형에 색 채우기
- 프로세싱의 seup()과 draw() 구조
- 도형을 왼쪽에서 오른쪽으로 움직이기
- 변수의 소개
- 배경 지우기
- if 조건문을 추가하여 반복하여 그리기

1.1 도형에 색 채우기

초록색의 사각형을 그리는 스케치를 함께 작성해봅시다. 다음처럼 스케치를 적고 플레이 버튼을 누르세요. 새 창이 나오면서 오른쪽처럼 실행이 되나요?

```
fill(0, 255, 0);
rect(20, 20, 60, 60);
```

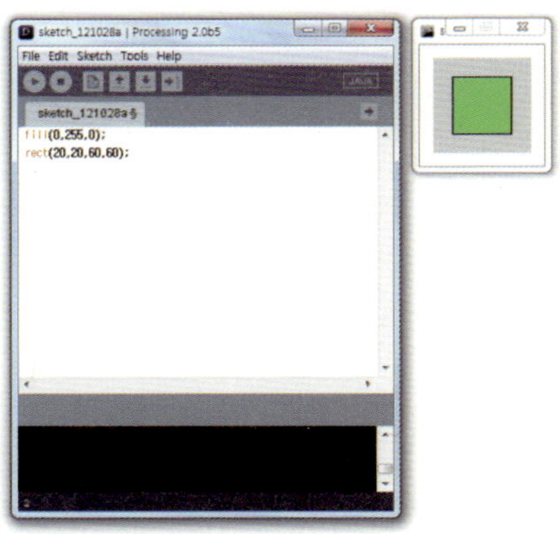

사각형의 내부 색은 fill(); 함수로 채웁니다. 괄호 속에는 숫자를 하나 또는 세 개를 적을 수 있습니다. 숫자 하나를 적을 때는 0에서 255를 적을 수 있습니다. fill(0);은 검은색이고 fill(255);는 흰색입니다. fill(127);은 당연히 회색이겠지요.

숫자가 세 개인 경우 차례대로 (빨강, 초록, 파란)색이며 역시 0부터 255까지 적을 수 있습니다. 검은 색은 fill(0, 0, 0);입니다. fill(255, 0, 0)은 무슨 색 일까요? 붉은색입니다. 초록색은 어떻게 될까요?

숫자 하나로 채운 색상의 예

- fill(0);　//검은색
- fill(128); //회색
- fill(255); //흰색

숫자 세 개로 채운 색상 예

- fill(255, 0, 0); //붉은색
- fill(0, 255, 0); //초록색
- fill(0, 0, 255); //파란색

Q. 노란색은 어떻게 될까요?

fill(255,255,0);

1.2 프로세싱의 구조

프로세싱의 구조는 setup() 함수와 draw() 함수로 만들어집니다. 프로그램의 틀이라고 생각할 수 있습니다. setup() 함수에는 한 번만 실행하는 코드를 적습니다. 반면, draw() 함수는 중괄호 속의 내용을 반복해서 실행합니다.

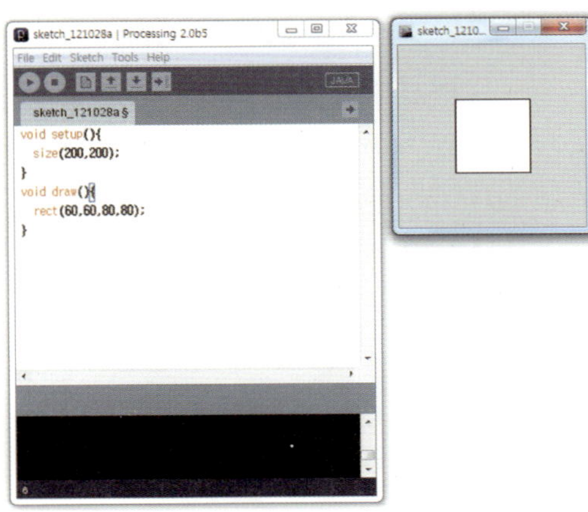

size() 함수는 창의 크기를 정합니다. size(200, 200)은 가로와 세로 크기를 각각 200 화소씩으로 정합니다. 모니터의 한 점을 화소라고 부릅니다. draw()에 있는 명령인 rect(60, 60, 80, 80);은 1초에 약 60번 정도 계속 반복해서 실행하라는 명령입니다.

draw() 앞에 void라고 적은 것은 리턴 값이 없다는 뜻입니다. 리턴은 함수가 어떤 일을 처리하고 값을 전해 주는 것을 뜻하는 데, 이 경우는 리턴 값을 가지지 않습니다.

1.3 도형의 이동

도형을 왼쪽에서 오른쪽으로 이동해봅시다. 한 칸씩 이동할 때 그 위치를 더해 주기 위한 변수를 활용합니다. 변수는 프로그램 속에서 변경할 수 있는 수를 의미합니다.

방법은 아주 간단합니다. ① int i;를 draw() 위에 추가하고, ② rect(); 함수에 첫 값을 i로 바꾸고, ③ 다음 줄에 i=i+1;을 추가하면 됩니다. 이는 i 값을 1씩 증가시켜서 사각형을 한 칸씩 오른쪽으로 이동합니다.

```
void setup(){
  size(200, 200);
}
int i;
void draw(){
  rect(i, 60, 80, 80);
  i++; // 1씩 증가됨
}
```

int i;를 적는 것을 "변수의 선언"이라고 합니다. i 대신 다른 이름으로 적어도 됩니다. 이 스케치에서는 int i;를 지우면 실행되지 않습니다. 변수는 사용하기 전에 미리 선언을 합니다. int는 소수점이 없는 정수 변수를 선언할 때 사용합니다. 사각형이 오른쪽으로 그려지면서 배경에 검은색으로 남게 되지요.

1.4 배경의 추가

배경을 검은색으로 만들면 지나간 표시를 없앨 수 있습니다. background() 함수는 배경 색을 바꿉니다. 괄호 속에는 사각형의 색상을 채우는 것처럼 하나 또는 세 개의 숫자가 들어갑니다.

```
void setup(){
  size(200, 200);
}
int i;      // 정수선언
void draw(){
  background(0);
  rect(i, 60, 80, 80);
  i++;    // 1씩 증가됨
}
```

사각형이 오른쪽으로 사라져 버립니다. 오른쪽 끝으로 사라지면 어떻게 다시 왼쪽에서 나오게 할 수 있을까요?

1.5 조건의 추가

사각형이 오른쪽으로 완전히 지나가면 왼쪽에서 다시 나오도록 해 봅시다. 프로세싱에서 판단을 하는 조건에서는 if 문을 사용합니다.

```
void setup(){
  size(200, 200);
}
int i;
void draw(){
  background(0);
  rect(i, 60, 80, 80);
  i = i +1;
  if(i > width) i=0; // 화면폭 보다 i가 크면 i를 0으로 한다.
}
```

width는 화면의 폭을 나타내는 "프로세싱 변수"입니다. 이 경우는 우리가 int width;를 적지 않아도 자동으로 처리해 줍니다. 이 스케치에서는 size(200, 200);이므로 폭인 width는 200이 됩니다.

if(i > width) i=0;은 판단을 해 줍니다. 만약 i가 200보다 커지면 i를 다시 0으로 바꾸라는 것입니다. i가 200보다 작으면 아무 일도 하지 않습니다.

요약

- 도형의 색상은 fill()로 채운다. 색상은 단색 또는 컬러(R, G, B)로 구성된다.
- 프로세싱 프로그램의 구조는 setup()과 draw()로 만들어진다.
- 도형을 이동하려면 변수를 추가하고 변수를 증가(i++) 시킨다.
- 배경은 background() 함수를 이용한다.
- 조건은 if() 문을 활용한다.

연습문제

Q1. 파란색으로 채우는 명령은?

Q2. 구조를 활용하면 어떤 장점이 있을까?

Q3. 프로세싱 툴에서 색상 표를 살펴보려면?

Q4. 초록색으로 배경을 채우는 명령은?

Q5. 크고 작은 것을 판단하려면 어떤 문을 사용하는가?

Q6. 사각형을 원으로 바꾸려면 어떤 명령을 사용하는가?

연습문제 해답

1. fill(0, 0, 255); 2. 반복해야 하는 코드는 draw() 속에 넣어 두면 자동으로 반복을 한다. 3. 프로세싱의 메뉴에서 [Tools] > [Color Selectors]를 선택한다. 4. background(0, 255, 0); 5. if() 조건문 6. ellipse();

실습 예제

1. 도형이 창의 위에서 아래로 내려오는데, 바닥으로 사라지면 반복하도록 스케치를 작성하세요.

```
void setup(){
  size(200, 200);
}
int i;
void draw(){
  background(0);
  rect(60, i++, 80, 80);
  if(i>height) i=0;
}
```

2. 도형이 대각선으로 반복하여 내려오도록 프로그램 하세요.

```
void setup(){
  size(200, 200);
}
int i, j;
void draw(){
  background(0);
  rect(i++, j++, 80, 80);
  if(i>width) i=0;
  if(j>height) j=0;
}
```

SECTION
03 전광판 글자 만들기

학습목표
- 연산자를 이용하여 글씨로 전광판 효과를 낼 수 있다.

학습내용
- 화면에 문장 출력하기
- 문장은 쌍 따옴표로 감싸기
- 글자의 색상과 크기 변경
- 이동하는 전광판 글자 만들기
- 증가 연산자 ++, 감소 연산자 --의 활용법

1.1 화면에 문장 출력하기

1 문장의 출력

text(); 함수는 문장을 화면에 출력합니다. 문장은 항상 큰따옴표(" ")로 둘러싸야 합니다. "I love you".

```
text("I love you", 0, 64);
```

text(); 함수의 숫자는 화면에 나타낼 (가로, 세로) 시작 위치입니다. 화면의 좌표는 다음 그림처럼 화면의 왼쪽 상단이 (0, 0)입니다.

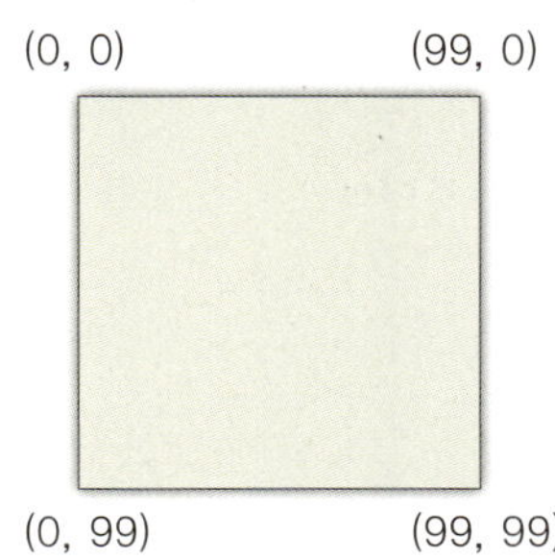

그림 1 size(100,100);일 때의 화면 픽셀

0, 64는 왼쪽 0에서 시작하고, 높이는 화면의 중간이 50이므로 이보다 약간 아래인 64에서 시작하라는 것입니다.

2 색상의 변경

흰색 글자가 잘 보이지 않으므로 검은색으로 표시해 봅시다. fill(0);은 글자 색을 검은색으로 채웁니다. fill() 함수의 괄호 속에 세 가지 값을 넣으면 컬러를 표시할 수 있습니다. 글자색을 푸른색으로 하려면 fill(0, 0, 255);입니다.

```
fill(0);
text("I love you", 0, 64);
```

Q. 글자색을 푸른색으로 바꾸어 보세요.

fill(0, 0, 255);를 추가한다.

3 글자를 더 크게 만들기

글자 크기를 크게 해봅시다. size(400, 100);은 화면을 가로로 길쭉하게 만들어 줍니다. textSize(); 함수는 글자의 크기를 나타냅니다. 기본 글자의 크기는 textSize(10)입니다. textSize(64);는 큰 글자를 출력합니다.

```
size(400, 100);
fill(0);
textSize(64);
text("I love you", 0, 64);
```

4 프로세싱의 구조화

한 번 실행되는 부분은 setup(); 함수에, 여러 번 실행되는 부분은 draw(); 부분에 옮깁니다.

```
void setup() {
  size(400, 100);
  fill(0);
  textSize(64);
}
void draw() {
  text("I love you", 0, 64);
}
```

1.2 전광판 글씨 만들기

글자를 전광판처럼 왼쪽에서 오른쪽으로 이동해봅시다. 화면이 바뀔 때마다 한 칸씩 오른쪽으로 이동하도록 하는 변수 하나가 필요합니다.

```
void setup() {
  size(400, 100);
  fill(0);
  textSize(64);
}
int inc;
void draw() {
  text("I love you", inc++, 64); // 글자 시작 위치를 한 칸씩 오른쪽으로
}
```

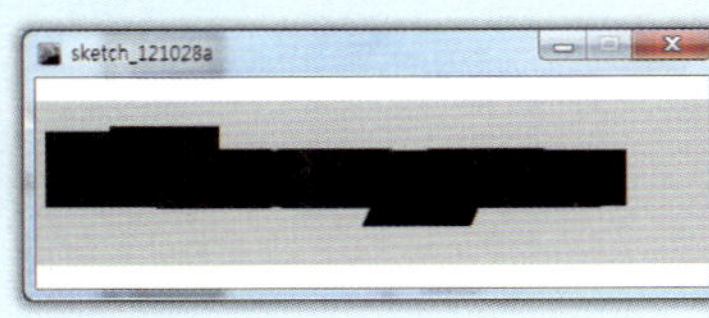

int inc;라고 입력한 부분을 정수 변수의 선언이라고 합니다. 컴퓨터에서 숫자를 저장하려면 반드시 입력해야 합니다. 이것이 없으면 실행이 되지 않습니다. 변수는 메모리에 저장되며, 프로그램에서 다른 값으로 변경할 수 있어서 변수라고 합니다.

draw() 함수는 계속 반복 실행됩니다. 반복될 때마다 inc++ 값은 처음에는 0이었다가 1, 2, 3, 4...로 하나씩 증가합니다. ++라는 연산자는 이전 값을 1 증가시킵니다.

이동되는 부분이 겹쳐져서 글자가 잘 보이지 않으므로 배경을 흰색으로 만들어봅시다. 흰색 배경 지정은 background(255); 함수로 합니다.

```
void setup() {
  size(400, 100);
  fill(0);
  textSize(64);
}
int inc;
void draw() {
  background(255);
  text("I love you", inc++, 64);
}
```

왼쪽으로 글자가 완전히 넘어가면 처음부터 다시 하는 스케치는 if() 조건문을 활용하여 간단하게 작성할 수 있습니다.

```
int inc;
void draw() {
  background(255);
  text("I love you", inc++, 64);
  if(inc>width) inc=0;
}
```

if() 문의 괄호 속을 검사해보고, inc가 width 보다 크면 inc 값을 0으로 바꿉니다. 적을 경우 if()문은 무시합니다. if() 문을 조건문이라고 합니다.

요약

- 문장을 화면에 쓰려면 text() 함수를 사용한다.
- 문장은 큰 따옴표로 둘러싼다.
- 증가 연산자 ++의 활용법
- 정수를 활용하려면 정수 변수를 선언
- 이동하는 전광판 만들기
- if() 조건문으로 왼쪽으로 넘어가는 것을 방지하기

연습문제

Q1. 문장을 화면에 출력할 때 사용하는 함수는?

Q2. 키보드를 누르면 해당 영어 문자는 어떤 변수에 저장되는가?

Q3. 프로그램에서 숫자를 메모리에 저장하며 프로그램에서 변경할 수 있는 것을 무엇이라 할까요?

Q4. 증가 연산자 inc++;는 어떤 역할을 하나요?

Q5. 문자의 크기를 정하는 함수는?

Q6. 조건을 검사하는 문은?

① if 문 ② for 문 ③ int 변수 ④ size() 함수

Q7. 다음 중 값을 하나 증가시키는 연산에 맞지 않는 것은?

① inc++; ② inc = inc+1; ③ inc +=1; ④ inc *=1;

실습 예제

1. 문자열이 오른쪽에서 왼쪽으로 이동하는 스케치를 작성하세요.

"재미삼아 프로세싱" 네이버 카페 참조

연습문제 해답

1. text(); 함수 2. key 3. 변수 4. 값을 하나 증가 시킨다. 5. textSize(); 함수 6. ① 7. ④

2. 한글을 출력하려면 어떻게 해야 할까요?

```
PFont f;
void setup(){
  size(400, 100);
  f = createFont("굴림", 64);
  textFont(f);
  text("대한민국", 0, 64);
}
```

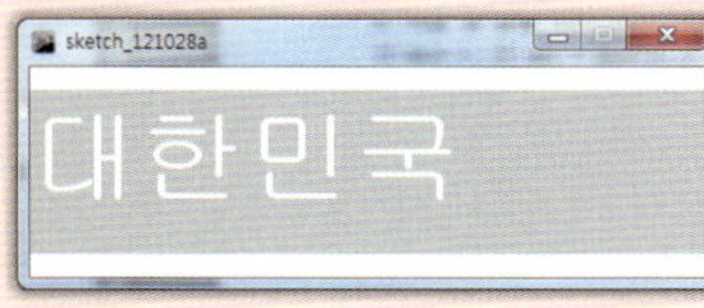


```
PFont f;
void setup(){
  size(400,100);
  f=createFont("굴림",74);
  textFont(f);
}
int i;
void draw(){
  background(0);
  text("대한민국",i++,84);
  if(i>width) i=0;
}
```

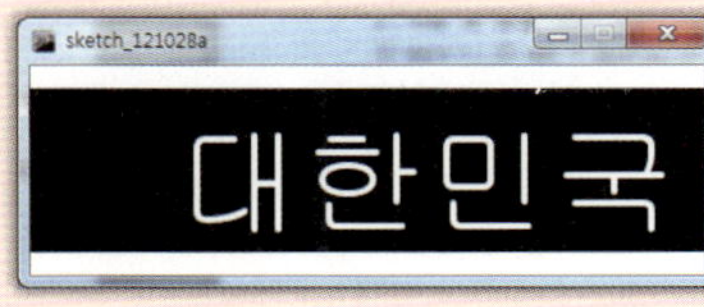

3. 다음의 실행결과는?

```
textSize(20);
background(0);
text("Hi\nHello\nBoy\n", 10,24);
```

SECTION 04

선긋기

학습목표
- line(); 함수를 이용하여 각각 다른 크기, 다른 색상의 선 세 가지 이상을 부드럽게 그을 수 있다.

학습내용
- 선긋기, 선 굵기, 선 색
- 선을 부드럽게 하기
- 여러 개의 선긋기

복습내용
- 우리가 배우는 프로그래밍 언어의 이름은? Processing
- 사각형을 그리는 함수는? rect();
- 원을 그리는 함수는? ellipse();
- 한번 실행되는 프로그램은 무슨 함수에 넣어야 할까요? setup()

1.1 선

삼각형, 사각형 등 다양한 도형들은 선으로 이뤄져 있습니다. 따라서 프로세싱에서 선긋기는 가장 기초적이면서도 중요한 역할을 합니다. 선긋기부터 시작해서 알록달록하게 나타내보도록 하겠습니다.

1 선긋기

도형 중에 선을 긋는 함수는 line(); 함수입니다. 화면의 중간 부분에 위에서 아래로 선긋는 스케치를 작성해봅시다.

```
line(50,20,50,80);
```

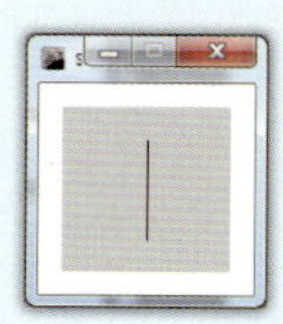

line() 함수는 시작 좌표와 끝 좌표 사이에 선을 연결하기 때문에 시작 좌표의 x1, y1 끝 좌표의 x2, y2 이렇게 4개의 매개 변수가 들어갑니다.

매개 변수란 함수에 전달해 주는 값을 의미합니다. 예를 들어 시작 지점 x1=50, y1=20이며 끝 지점 x2=50, y2=80라고 한다면 line(50,20,50,80);라고 입력하면 됩니다. 잘 그려보았나요? 아직 잘 이해가 안 되면 아래 내용을 참고하세요.

참고

컴퓨터는 픽셀이라고 하는 작은 사각형으로 구성되어 있습니다. 쉽게 말하면 컴퓨터 화면은 모눈종이처럼 되어 있어서 컴퓨터에 도형을 그리기 위해서는 모눈종이 어느 위치에 그릴 것인지 설정해 주면 됩니다.

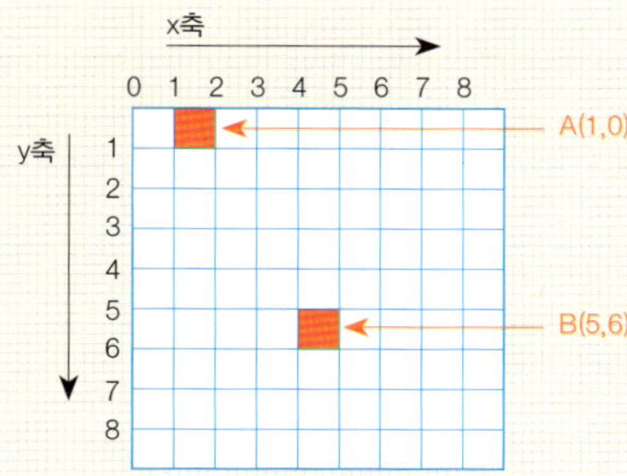

좌표 이해하기

대각선으로 선긋기

왼쪽 윗부분에서 오른쪽 아래 부분으로 대각선을 긋는 스케치를 작성해봅시다.

```
line(20,20,80,80);
```

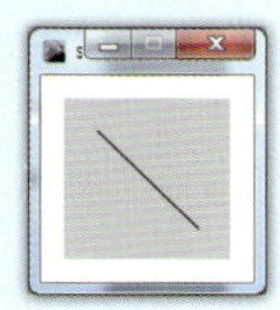

가로, 세로 선긋기

가로 선과 세로 선을 그려서 +모양이 되도록 선을 그어 봅시다.

```
line(50,0,50,100);
line(0,50,100,50);
```

2 선의 굵기

얇은 선만 그리면 재미없죠? 두껍고 얇은 선도 그을 수 있습니다. 선 굵기의 지정은 strokeWeight() 함수로 합니다. 화면의 위에서 아래로 굵은 선을 그어 보세요.

```
strokeWeight(12);
line(50,20,50,80);
```

★ 하나 더: 프로세싱에서는 A와 a는 완전히 다릅니다. 따라서 사소한 철자도 정확하게 입력하세요.

3 선의 색

선의 색은 stroke() 함수를 이용합니다. 푸른색은 stroke(0,255,0);으로 표현됩니다. 화면의 중앙에 위에서 아래로 푸른색의 굵직한 선을 스케치해 보세요.

```
stroke(0,255,0);
strokeWeight(12);
line(50,20,50,80);
```

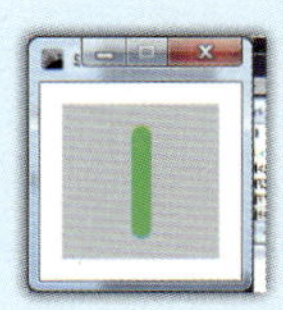

프로세싱에서 색상을 정할 때 색상 선택표를 활용할 수 있습니다. 메뉴의 Tools > Color Selector를 선택해서 마우스로 원하는 색을 택하면 R, G, B 값을 알 수 있습니다. 또는 R, G, B에 값을 입력하면 색상이 선택되기도 합니다.

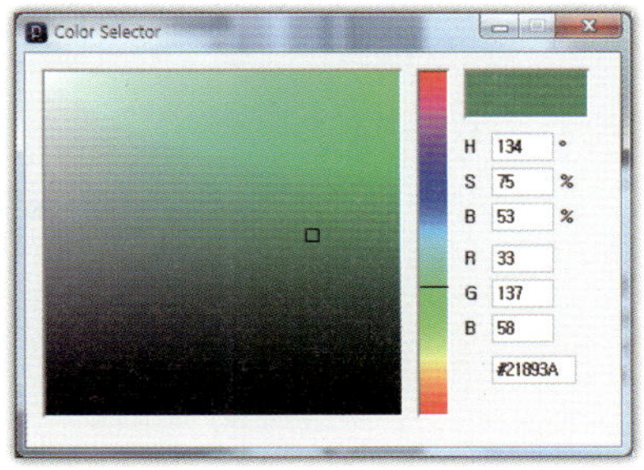

4 선을 부드럽게 하기

지금까지 선을 그었을 때 울퉁불퉁한 부분을 보았을 거예요. 이를 부드럽게 설정해 봅시다. smooth() 함수를 적용하면 부드러워집니다. 굵은 선의 끝이 아주 매끄럽게 스케치해 보세요.

```
stroke(0,0,255);
strokeWeight(12);
smooth();
line(50,20,50,80);
```

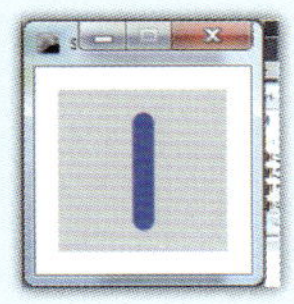

1.2 여러 개의 선 만들기

선을 여러 개 만들려면 변수를 활용합니다. 정수 변수를 만들어 줄 때는 int w;라고 입력해야 하며 이를 중괄호 밖에 적어 주어야 합니다. 이렇게 하는 것을 변수 선언이라고 합니다. 작은 대각선을 5개 긋는 스케치를 만들어 봅시다.

```
int w=0;
void draw(){
  line(w, 40, w+20, 60);
  w = w+20;                // w 값을 20씩 증가시킴
  if(w>100) noLoop(); // w가 100이 넘으면 중지
}
```

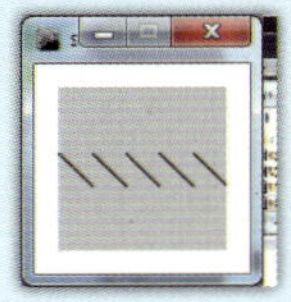

스케치 읽기

```
int w=0;                    // 변수 w를 정수로 선언.
void draw(){
  line(w,40,w+20,60);   // 선을 긋기 위한 line(); 함수를 사용
  w = w+20; 변수          // w에 원래 값의 20을 더한 값을 다시 저장
  if(w>100) noLoop();   // noLoop()함수는 반복되는 draw()함수를
                          // 중단시킴. 만약 w가 100보다 크다면 실행을 멈추도록 함.
}
```

요약

- 선긋기 함수는 line();
- 선을 부드럽게 하기 smooth();
- 선의 색상 stroke();
- 선의 폭 strokeWeight();
- 선 긋기를 반복해 보기

연습문제

Q1. 선을 긋는 함수는?

Q2. draw() 함수는 반복해서 실행될까요?

Q3. noLoop() 함수는 어떤 역할을 할까요?

Q4. line(); 함수는 몇 개의 매개 변수를 가질까요?

Q5. 프로세싱에서 A와 a는 동일할까요?

연습문제 해답

1. line();　2. 예　3. 반복의 중단　4. 4개 (시작점 X, 시작점 Y, 끝점 X, 끝점 Y)　5. 서로 다름

실습 예제

1. 다음처럼 앞의 예제에서와 반대 방향으로 사선을 그리는 스케치를 작성하세요.

```
int w=0;
void draw(){
  line(w+20,40,w,60);
  w = w+20;
  if(w>100) noLoop();
}
```

2. 선으로 창의적인 그림을 만들어 보세요.

재미삼아 프로세싱 카페 참조 http://cafe.naver.com/processingcafe/

SECTION

05 키보드

학습목표 • KeyPressed() 함수를 이용하여 "Korea"를 전광판처럼 왼쪽 또는 오른쪽으로 이동하도록 스케치를 할 수 있다.

학습내용
• 키보드의 활용
• 키보드 관련 변수: key, keyPressed,
• 키보드 관련 함수: keyPressed()

1.1 키보드에 대한 반응

이 장에서는 키보드를 이용해 놀이를 합니다. 화면에 나온 문장을 키보드에 따라 왼쪽 또는 오른쪽으로 이동시켜 보겠습니다.

1 키보드 누르기

키보드를 누르면 화면에 누른 키 값이 출력되도록 스케치해 봅시다.

```
void setup(){
  textSize(64); // 글자의 크기
}
void draw(){
}
void keyPressed(){
  background(0);
  text(key, 30, 70);
}
```

스케치 읽기

```
void setup(){      // 한 번 실행할 함수 설정.
  textSize(64);    // 입력할 텍스트 크기 설정.
}
void draw()
{     // 텅 빈 함수, 아무 내용도 없지만, 1초에 60번씩 실행되면서
      // 키보드가 눌러지는지 감시를 함.
}
void keyPressed(){
  background(0);         // 배경색 설정. 0~255까지 설정 가능.
  text(key, 30, 70);     // 나타낼 문자와 위치.
}
```

문자키를 누르면 화면에 누른 값이 출력되도록 해봅시다. 문자키를 입력받아 출력시키는 함수는 KeyPressed();입니다. 실행 창에 아무 키를 누르면 keyPressed(); 함수가 실행됩니다. 자신이 누른 키보드의 값은 key라는 프로세싱 변수에 저장되기 때문이죠. 이것을 화면에 출력해 봅시다.

background(0);는 배경색을 지정합니다. 괄호 안의 숫자는 0~255사이의 숫자를 이용하여 설정 가능합니다. (제 4장 선 긋기의 색 편집을 참고하세요)

text(key, 30, 70);는 나타낼 문자에 대해 정합니다. 첫 번째 자리에는 입력받은 문자를 나타내도록 설정했으며, 나머지 두 자리에는 나타낼 위치를 정합니다. x=30, y=70의 지점에서부터 나오도록 하였습니다.

프로세싱에는 수많은 함수들이 있습니다. 함수를 적을 때마다 각 함수 특성의 상자를 만든다고 가정하면, 상자안에 그 특성을 실행하도록 하는 좀 더 작은 상자를 넣어둔다고 할 수 있습니다. 작은 부분까지 세심하게 설정해 주어야 합니다. 마치 게임 캐릭터의 아이템을 만들어주는 것처럼 말이죠. keyPressed();함수를 이용해서 예를 들면

> **참고**
>
> **함수에 대해서 참고하세요.**
>
> 콜라를 마시기 위해 음료수 자판기에 동전을 넣고 콜라 버튼을 누르면 콜라가 퉁하고 나옵니다. 컴퓨터도 이처럼 값을 입력하면 설정한 함수에 따라 가공되어 화면으로 출력됩니다.
>
> 동전 ⇨ 콜라 버튼 ⇨ 콜라
>
> 입력 ⇨ 명령 함수 ⇨ 출력

```
void keyPressed(){
  background(0);      // 검정색 배경
  text(key, 30, 70); // 나타 낼 텍스트
}
```

keyPressed(){}안에 두 개의 상자가 있습니다. 배경색을 설정하는 상자와 텍스트를 나타내는 상자입니다. 배경색은 검정색으로 설정합니다. 텍스트는 Key에 있는 내용을 x=30, y=70 위치에 나타나도록 설정합니다.

2 광고 전광판 만들기

전광판의 "Korea"가 r(알)키를 누르면 오른쪽으로 이동하고, l(엘)키를 누르면 왼쪽으로 이동하도록 해봅시다. 다른 키를 누르면 정지하도록 합시다.

```
void setup() {
  size(400, 100);
  textSize(64);
}
int pos;
void draw() {
  background(0);
  text("Korea", pos, 70);
  if(key=='r') pos++;
  if(key=='l') pos--;
}
```

스케치 읽기

```
void setup() {
  size(400, 100);   // 화면에 나타날 실행창의 크기.
  textSize(64);     // 텍스트의 크기.
}
int pos;            // pos의 이름의 정수 변수를 설정.
void draw() {
  background(0);    // 배경색을 검정색으로 설정.
  text("Korea", pos, 70); // Korea를, x=pos, y=70의 위치에 나타냄.
  if(key=='r') pos++;     // 만약 입력받은 key의 값이
                          // 'r'이면 pos 위치 값을 하나씩 증가
  if(key=='l') pos--;     // 만약 입력받은 key의 값이 'l'이면
                          // pos 위치 값을 하나씩 감소
}
```

pos++는 계속해서 1씩 더한다는 뜻입니다. pos--는 계속해서 1을 뺀다는 뜻입니다.

Q. 글자가 오른쪽으로 사라지면 왼쪽 끝에서 다시 나타나고, 왼쪽으로 사라지면 오른쪽 끝에서 나오도록 하세요.

if(pos<-150) pos=width;

if(pos>width) pos=-150;

```
if(pos<-150) pos=width; // 만일 pos 값이 -150보다 작으면
                        // pos 값에 width 값으로 바꿈.
if(pos>width) pos=-150; // 만약 pos 값이 width 값보다 크면
                        // pos 값을 -150으로 바꿈.
```

요약

- 키보드를 입력하여 프로그램과 연결
- 키보드 변수는 key, keyPressed
- 키보드 함수는 keyPressed();

연습문제

Q1. 키보드를 누르면 키 값은 어느 변수에 저장되는가?

Q2. 키보드를 누르면 호출되는 함수는?

연습문제 해답

1. key　2. keyPressed();

실습 예제

1. 다음 스케치는 어떤 프로그램일까?

```
void draw() {
  if (key == 'b' || key == 'B') {
    fill(0);
  }
  else {
    fill(255);
  }
  rect(25, 25, 50, 50);
}
```

'b'나 'B' 키를 누르면 검은 사각형이 그렇지 않으면 흰 사각형이 그려진다.

2. 엔터키를 누를 때까지 입력된 문장을 화면에 출력하는 프로그램을 작성해 보세요. 키보드를 눌러야 화면에 입력된 모든 글자가 나옵니다.

```
String s="";
void draw() { }
void keyPressed() {
  s+=key;
  if(key=='\n'){
    println(s);
    text(s, 10, 50);
    s="";
  }
}
```

SECTION

06 마우스

학습목표	• mousePressed()함수를 이용하여 사과를 그릴 수 있는 스케치를 작성할 수 있다.
학습내용	• 마우스의 활용법 • 마우스 관련 변수: 현재(mouseX, mouseY), 이전(pmouseX, pmouseY) • 마우스 관련 함수: mousePressed()

1.1 마우스에 대한 반응

앞 장에서는 키보드 값을 읽어 보았습니다. 여기서는 마우스를 이용하여 선을 그리고 간단한 그림판을 만들어 보겠습니다.

1 마우스 지점에 원 그리기

마우스를 누르는 지점에 크기가 80픽셀인 원을 그려 주는 스케치를 작성해봅시다. 마우스를 누르면 X좌표와 Y좌표가 자동으로 mouseX와 mouseY 변수에 저장됩니다. 누를 때마다 mousePressed() 함수가 실행이 되는 것이지요.

```
void setup() {
  size(400, 400);
}
void draw() { // 빈 함수, 프로그램 반복 실행에 필요함
}
void mousePressed() {
  ellipse(mouseX, mouseY, 80, 80);
}
```

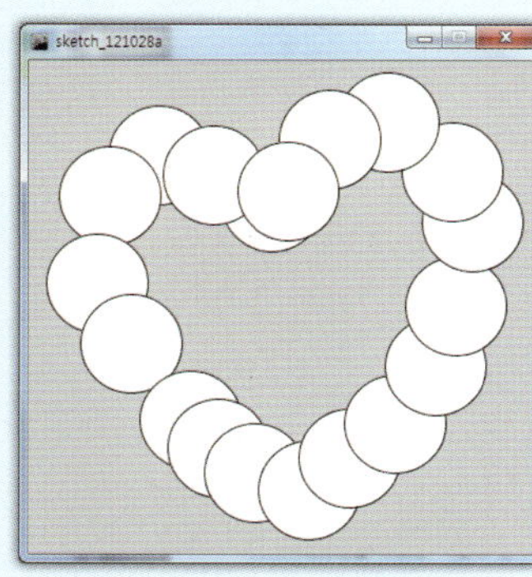

스케치 읽기

```
void setup() {      // 한 번 실행할 함수 설정
  size(400, 400); // 실행창의 크기 설정
}
void draw() {       // draw() 함수가 반드시 있어야 화면이 반복 됩니다.
}
void mousePressed() { // 사용자가 마우스를 클릭할 때마다
                      // 실행 되도록 mousePressed() 함수를 사용.
  ellipse(mouseX, mouseY, 80, 80); // ellipse();는 원을 그리는
                      // 함수. 원의 중심 x = mouseX, 원의중심 y = mouseY,
                      // 끝 x = 80, 끝 y = 80이라 설정.
}
```

mousePressed() 함수는 사용자가 마우스를 클릭할 때마다 실행되는 함수입니다. ellipse(mouseX, mouseY, 80, 80);에서 ellipse();는 타원을 그리는 함수입니다. 타원의 중심 x=mouseX, 타원의 중심 y=mouseY, 긴축=80, 짧은축=80이라 설정합니다.

2 배운 내용 응용하기

Q. 원의 색상을 초록색으로 바꾸어 보세요.

fill(0, 255, 0);을 setup(); 함수에 추가하세요.

Q. 배경을 분홍색으로 바꾸어 보세요.

background(255, 0, 255);를 setup(); 함수에 넣으세요.

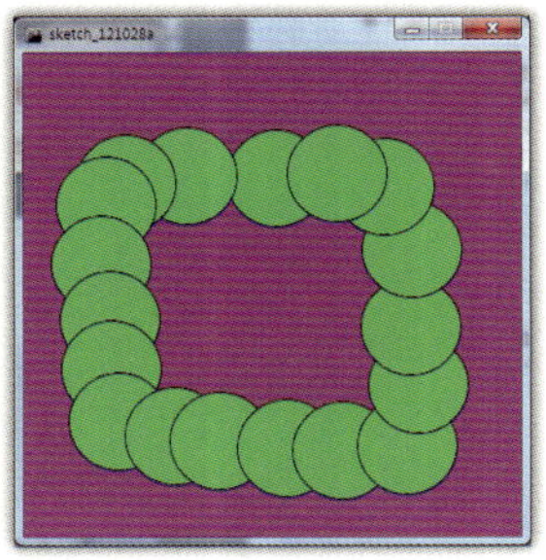

Q. 앞의 원은 지워지고 하나의 원만 나오도록 하려면?

background(255, 0, 255);를 ellipse() 함수 바로 위에 적으세요.

3 마우스로 펜 만들기

왼쪽 마우스를 누르고 이동하면 펜처럼 활용할 수 있도록 스케치를 작성해봅시다. 마우스 버튼을 누르면 mousePressed의 값은 1이 되며 판단을 하는 if(mousePressed) 문은 마우스를 누르면 작동이 됩니다. 마우스를 누를 때만 line() 함수가 작동이 됩니다.

```
void setup() {
  size(400, 400);
}
void draw() {
  if(mousePressed)
    line(pmouseX, pmouseY, mouseX, mouseY);
}
```

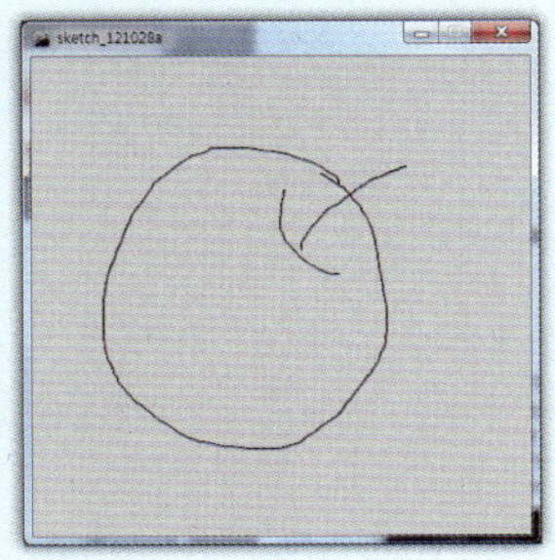

스케치 읽기

```
void setup() {       // 한 번 실행할 함수 설정.
  size(400, 400);    // 실행 창 크기 설정. x(가로)=400, y(세로)=400
}
void draw() {
  if(mousePressed) // 마우스를 누르면 실행
    line(pmouseX, pmouseY, mouseX, mouseY);
}
```

line() 함수는 시작 좌표와 끝 좌표 사이에 선을 연결합니다. 마우스를 이동하면 이전 지점은 (pmouseX, pmouseY)에 자동 저장되고, 현재 지점은 (mouseX, mouseY)에 저장됩니다. 이 두 지점을 line() 함수로 연결하면, 마우스 이동에 따라 선이 그

어집니다. 마우스의 이동을 따라 선을 긋는 함수로 line(pmouseX, pmouseY, mouseX, mouseY); 가 많이 쓰이니 외워두면 편합니다.

4 펜 프로그램의 확장

Q. 펜의 굵기를 16픽셀로 바꾸세요.

strokeWeight(16);을 setup() 함수에 삽입하세요.

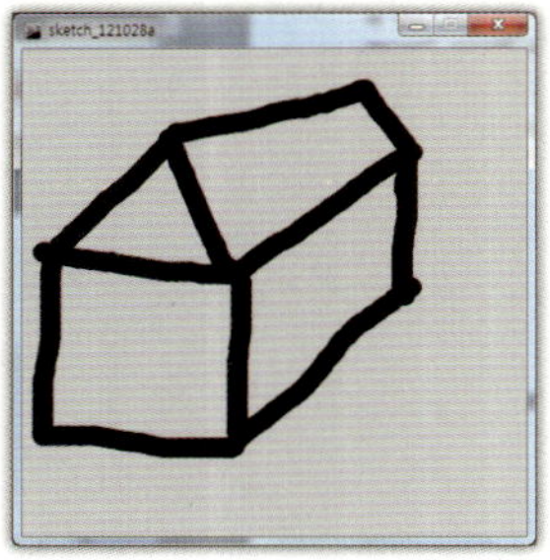

Q. 펜의 색상을 파란색으로 바꾸려면 setup() 함수에 어떤 명령을 넣으면 될까요?

stroke(0, 0, 255);

요약

- 마우스 관련 변수로 마우스를 누르면 mousePressed가 1이 된다.
- 현재 지점은 mouseX, mouseY에 저장
- 마우스 이전 지점은 pmouseX, pmouseY에 저장
- 마우스 버튼을 누르면 호출되는 mousePressed(); 함수
- 마우스를 이동하면 호출되는 mouseMoved(); 함수

연습문제

Q1. 마우스의 X좌표를 나타내는 변수는?

Q2. 마우스의 이전 X좌표를 나타내는 변수는?

Q3. 마우스를 누르면 어떤 함수가 실행될까요?

Q4. 마우스를 이동하면 호출되는 함수는?

실습 예제

1. 다음처럼 펜을 만들어 보세요. 펜의 굵기를 키보드의 숫자 1~9까지 누르면 바뀌도록 하세요.

```
void setup() {
  size(400, 400);
  strokeWeight(16);
}
int myKey=1;
void draw() {
  strokeWeight(myKey);
  if(mousePressed)
    line(pmouseX, pmouseY, mouseX, mouseY);
}
void keyPressed(){
  myKey = key-'0';
  myKey *= 10;
}
```

스케치 읽기

```
void setup() {                  // 한 번 실행할 함수 설정.
  size(400, 400);               // 실행창 크기 설정. x(가로)=400, y(세로)=400
  strokeWeight(16);             // 선의 굵기 설정.
}
int myKey=1;                    // mykey 변수를 선언한 후 1 값을 넣음.
void draw() {                   // 멈출 때까지 계속해서 실행될 함수 만듦.
  strokeWeight(myKey);          // 선의 굵기 설정. 굵기는 myKey 값임.
  if(mousePressed)              // mousePressed는 마우스가 눌러졌을 때를 말함.
                                // 만약 마우스가 눌러졌을 때,
    line(pmouseX, pmouseY, mouseX, mouseY);
                                // 연속되는 선을 그릴 수 있음.
}
void keyPressed(){              // 키보드를 눌렀을 때 받은 값으로
                                // 설정할 함수 만듦.
  myKey = key-'0';
  myKey *= 10;
}
```

참고

myKey = key – '0';는 키보드로 '0'이라는 문자를 입력하면 ASCII 숫자 48이 입력되므로 myKey = 48 – 48로 숫자 0이 됩니다. '1'을 입력하면 myKey = 49 – 48 = 1이 됩니다.

연습문제 해답

1. mouseX 2. pmouseX 3. mousePressed() 4. mouseMoved()

SECTION

07 영상 처리 및 애니메이션

학습목표

- 인터넷에 있는 영상을 내 화면에 출력할 수 있다.
- 배열을 이용하여 인터넷에 있는 나비 영상으로 펄럭이는 나비 애니메이션을 스케치할 수 있다.

학습내용

- 인터넷에서 영상 불러 오기
- 영상의 크기 변경
- 배열에 영상 넣기

1.1 영상 불러 오기

인터넷에 있는 영상(http://jcshim.com/img/je.jpg)을 화면에 출력하는 스케치를 작성하세요. 영상은 컴퓨터나 인터넷에서 가져올 수 있습니다.

```
PImage p;
void setup(){
  p = loadImage("http://jcshim.com/img/je.jpg");
  size(p.width, p.height);
}
void draw(){
   image(p, 0, 0);
}
```

영상은 PImage에 저장합니다. PImage p;로 선언을 하고, loadImage() 함수로 인터넷에서 영상을 가져옵니다. image() 함수는 영상을 화면에 출력합니다. 두 번째와 세 번째 매개 변수는 영상을 출력하는 위치를 나타냅니다. p.width는 영상의 폭을 p.height는 영상의 높이를 나타냅니다.

스케치 읽기

```
PImage p;                           // 영상을 저장할 p를 선언.
void setup(){                       // 한 번 실행할 함수를 설정.
                                    // 홈페이지에 있는 영상을 불러온 후 p에 저장.
  p = loadImage("http://jcshim.com/img/je.jpg");
  size(p.width, p.height); // 창의 크기를 설정. x(가로), y(세로)
}
void draw(){                        // 계속해서 반복하여 실행함
   image(p, 0, 0);                  // p 속에 있는 영상을 화면 위치 x=0, y=0에 출력
}
```

물론 영상의 크기도 마음대로 조절할 수 있습니다. 영상의 크기를 반으로 줄이기 위해서는 p.width(영상의 가로 길이)와 p.height(영상의 세로 길이)를 반으로 나누면 됩니다. p.width/2는 반으로 나눈 가로의 길이입니다.

```
image(p, 10, 10, p.width/2, p.height/2);
```

```
PImage p;
void setup(){
  size(400,400);
  p = loadImage("http://jcshim.com/img/je.jpg");
}
void draw(){
   image(p, 10,10, p.width/2, p.height/2);
}
```

Q. 앞에서 입력경로로 키보드 외에 마우스도 있다고 배웠습니다. 이를 응용하여 마우스로 영상의 크기를 변경해 보세요.

```
void draw(){
  background(0);
  image(p, 10, 10, mouseX, mouseY);
}



PImage p;
void setup(){
  size(400,400);
  p = loadImage("http://jcshim.com/img/je.jpg");
}
void draw(){
  background(0);
  image(p, 10, 10, mouseX, mouseY);
}
```

Q. 마우스가 이동하는 지점에 영상이 출력되도록 하세요.

image(p, mouseX, mouseY);와 imageMode(CENTER);를 활용하세요.

```
PImage p;
void setup(){
  size(500,500);
  p = loadImage("http://jcshim.com/img/je.jpg");
  imageMode(CENTER);
}
void draw(){
   image(p, mouseX, mouseY);
}
```

1.2 나비 애니메이션 만들기

날갯짓하는 나비를 만들려면 날개를 움직이는 두 장의 영상이 필요합니다. 영상은 포토샵이나 그림판으로 그릴 수 있습니다. 인터넷에 b1.gif와 b2.gif를 가져와서 나비 애니메이션을 만들어 봅시다.

```
PImage[] img = new PImage[2];
void setup(){
  size(320, 240);
  frameRate(8);
  img[0] = loadImage("http://jcshim.com/img/b1.gif");
  img[1] = loadImage("http://jcshim.com/img/b2.gif");
}
int f;
void draw(){
  background(0);
  image(img[++f % 2], 0, 0);
}
```

스케치 읽기

```
PImage[] img = new PImage[2]; // 배열은 10장에서 학습함.
void setup(){                 // 한 번 실행할 함수를 설정함.
  size(320, 240);          // 이미지 크기만큼 창을 만듦
  frameRate(8);            // frameRate();함수는 초당 프레임의 속도를 지정.
  // 0번 img방에 "http://jcshim.com/img/b1.gif 영상을 불러옴.
  img[0] = loadImage("http://jcshim.com/img/b1.gif");
  // 1번 img방에는 http://jcshim.com/img/b2.gif 영상을 불러옴.
  img[1] = loadImage("http://jcshim.com/img/b2.gif");
}
int f;                        // f 정수변수를 선언함.
void draw(){                  // 멈출 때까지 계속해서 실행될 함수를 만듦.
  background(0);              // 배경색을 검정색으로 설정.
  image(img[++f % 2], 0, 0);  // ++f%2의 결과는 0과 1이 반복됨
}
```

여러 장의 영상을 배열에 넣으면 처리하기가 쉽습니다.

PImage[] img=new PImage[2];는 두 장의 영상을 img[0]과 img[1]로 정해 주는 것입니다.

한번은 img[0]이 나오고 다음은 img[1]이 나와야 하므로 draw() 함수에서 img[0]과 img[1]이 반복되도록 해야 합니다. f%2는 f를 2로 나눈 나머지 값이 됩니다. 예로 f가 3이면 3%2=1 f가 4면 4%2는 0이 됩니다. f가 5면 5%1은 1이 됩니다. 이렇게 해서 영상이 번갈아가며 나옵니다.

요약

- 인터넷의 영상을 화면에 출력한다.
- 영상은 PImage로 선언한다.
- 영상을 가져오려면 loadImage() 함수를 사용한다.
- 영상의 크기를 조정할 수 있다.
- 마우스의 위치에 영상을 출력할 수 있다.
- 여러 장의 영상으로 애니메이션을 만들 수 있다.

연습문제

Q1. img에 영상을 저장하려면 변수 선언을 어떻게 해야 하는가?

Q2. 영상을 가져오는 함수는?

Q3. 영상을 컴퓨터나 웹에서 가져올 수 있는가?

Q4. 인터넷에서 영상을 하나 가져와서, 마우스를 누르는 지점에 출력하는 프로그램을 작성하세요.

Q5. 내 컴퓨터의 c:\image\에 있는 img.jpg 영상을 읽는 명령은?

실습 예제

1. 영상 http://jcshim.com/img/je.jpg을 2배로 확대하여 출력하는 프로그램을 작성하세요.

연습문제 해답

1. PImage img; 2. loadImage() 3. 예 4. 교재에 있음. "재미삼아 프로세싱" 네이버 카페 참조 5. PImage p=loadImage("c:\\image\\img.jpg"); // 백 슬래쉬를 두 개 하는 \\ 이유는 \n처럼 특수 코드를 나타낼 때 백 슬래쉬가 사용되므로 하나를 더 추가해야 한다.

SECTION

08 도형의 움직임

학습목표 • draw()함수에 도형을 이동, 회전 및 크기를 조절하는 스케치를 작성할 수 있다.

학습내용 • draw() 함수는 1초에 여러 번 화면을 반복한다.
• 도형을 이동하는 스케치의 작성.
• 도형을 회전하는 스케치의 작성.
• 도형의 크기를 변경하는 스케치의 작성

1.1 프레임 수

draw()는 1초에 여러 번 실행이 됩니다. 몇 번 실행되는지 다음 스케치를 실행시켜보고 결과에 적어 보세요. 프로세싱 툴의 아래 부분의 검은색 출력창에 계속 숫자가 적힙니다.

```
void draw(){
  println(frameRate);
}
```

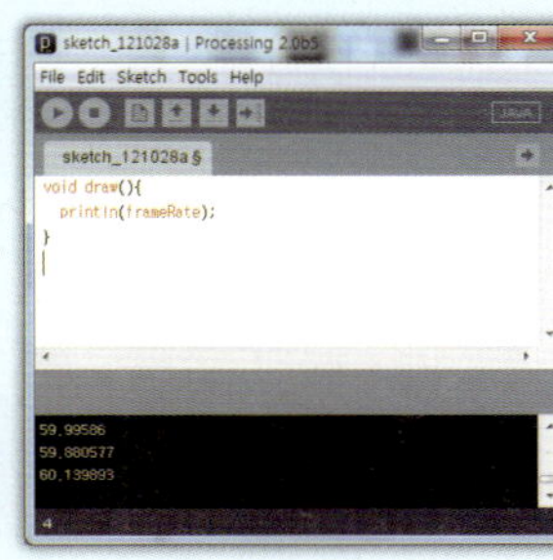

결과 ____________________

frameRate는 1초에 반복되는 횟수를 저장하는 프로세싱 변수입니다. println() 함수는 프로세싱의 메지지 창에 출력을 하고 한 칸을 띄어 줍니다. 반면 print(); 함수는 값을 출력하고 칸 띄우기는 하지 않습니다.

draw() 함수가 1초에 몇 회 반복할 지 정할 수 있습니다. frameRate()를 설정해 주면 1초에 실행되는 횟수가 정해집니다. 다음 스케치는 1초에 10번씩 실행하도록 합니다. 스케치를 실행시켜보고 결과를 적어 보세요.

```
void setup(){
  frameRate(10);
}
void draw(){
  println(frameRate);
}
```

결과 ____________________

위의 두 스케치를 통해서 알 수 있는 것은 무엇입니까?

Q. 프레임 수를 정하지 않으면 초당 ________번 화면이 바뀐다.

약 60

Q. 프레임 수를 초당 30프레임으로 하려면?

frameRate(30);

1.2 방향 바꾸기

중심이 50,50이며 크기가 30,30인 호(arc)를 0도부터 90도까지 그려보세요. 90도는 PI/2입니다.

```
background(0);
arc(50, 50, 30, 30, 0, PI/2);
```

45도(PI/4)부터 315도(PI*7/4)의 호를 그려보세요.

```
background(0);
arc(50, 50, 30, 30, 0, PI/2);
```

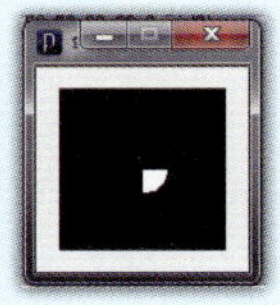

움직임의 예로 한쪽 끝이 입처럼 열린 호 도형이 오른쪽 끝에 도착하면 돌아서서 다시 왼쪽으로 방향을 바꾸어 이동시켜 봅시다.

호 arc() 명령은 원의 일부를 그릴 수 있습니다. 6개의 매개 변수가 들어갑니다. arc(i++, 30, 30, 30, PI/4, PI*7/4);에서 (i++, 30)은 가로와 세로 위치입니다. 다음 (30, 30)은 아크의 크기를 나타냅니다. 그 다음(PI/4, PI*7/4)는 아크의 시작 각도와 끝 각도입니다.

```
void setup(){
  size(400, 100);
}

int i;
int dir=1; // 방향을 나타냄 1:오른쪽 0:왼쪽
void draw(){
    background(127);
    if(dir==1)  arc(i++, 30, 30, 30, PI/4, PI*7/4);
    else        arc(i--, 60, 30, 30, PI*5/4, PI*11/4);
    if(i>=width) dir=0; // 창의 오른쪽 끝에 도달하면 왼쪽으로 이동
    if(i<=0)     dir=1; // 창의 왼쪽 끝에 도달하면 오른쪽으로 이동
}
```

1.3 이동과 회전 및 크기를 조절하는 예

마우스가 이동하는 위치에 사각형과 원을 그리는 스케치를 작성해봅시다. 이번에는 translate() 함수를 활용합니다.

```
void setup() {
  size(300, 200);
}
void draw() {
  translate(mouseX, mouseY);
  rect(-20, -20, 40, 40);
  ellipse(0, 0, 40, 40);
}
```

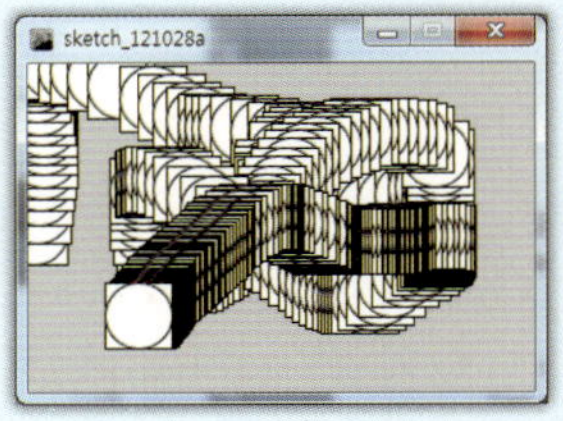

마우스가 이동하는 위치에서 사각형과 원이 회전하는 스케치를 작성해봅시다. 수학 함수 중에 sin() 함수는 −1에서 1사이의 값을 출력해 줍니다. 따라서 sin(angle)은 −1에서 1까지의 값이며, sin(angle) +2는 1에서 3까지 변합니다. scale() 함수는 크기를 조정합니다. rotate() 함수는 회전 각도를 조절합니다.

사각형 속에 원을 그리고 마우스의 지점을 중심으로 크기가 바뀌면서 회전하도록 스케치를 하면 다음과 같습니다.

```
float angle;
void setup() {
  size(300, 200);
}
void draw() {
  translate(mouseX, mouseY);
  scale(sin(angle) + 2);
  rotate(angle);
  rect(-20, -20, 40, 40);
  ellipse(0, 0, 40, 40);
  angle += 0.1;
}
```

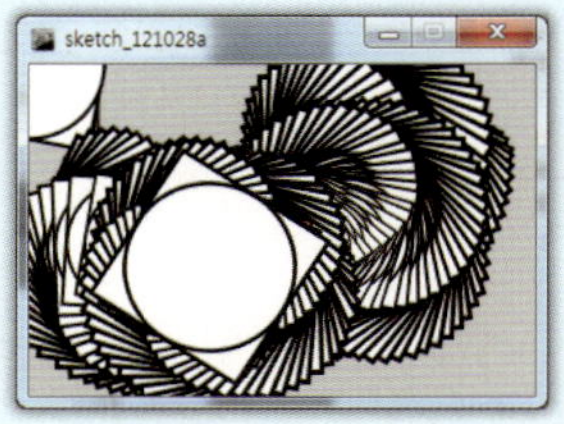

요약

- draw() 함수는 1초에 여러 번 반복됨
- frameRate는 1초에 반복되는 횟수를 알아 볼 수 있음
- 호를 그릴 때는 arc() 함수를 활용
- 90도는 PI/2
- 물체의 움직임을 스케치로 작성하기
- 회전은 rotate() 함수
- 이동은 translate()함수
- 크기 조절은 scale() 함수

연습문제

Q1. 화면 프레임 수를 나타내는 프로세싱 변수는?

Q2. 화면을 이동하는 함수는?

Q3. 화면의 크기를 조절하는 함수는?

Q4. 화면을 회전하는 함수는?

Q5. 호를 그리는 함수는?

Q6. 180도는 라디안으로 어떻게 표현될까요?

Q7. draw() 함수가 1초에 몇 번 실행되는지 살펴보기 위한 스케치 코드는?

실습 예제

1. 사각형 대신 영상을 불러와서 회전하면서 크기를 랜덤하게 변경하고, 마우스에 따라 이동하도록 하세요.

네이버의 "재미삼아 프로세싱" 카페

연습문제 해답

1. frameRate 2. translate() 3. scale() 4. rotate() 5. arc() 6. PI 7. println(frameRate);

SECTION

09 내장 함수로 주사위 시뮬레이션

학습목표
- 랜덤 함수를 활용하여 창 배경을 자유롭게 변경할 수 있다.
- 주사위를 6000번 던지는 시뮬레이션을 할 수 있다.

학습내용
- 프로세싱에 내장된 함수의 학습
- 함수의 매개 변수
- 함수의 리턴값

1.1 프로세싱에 포함된 내장 함수 random()

배경 색상을 0.5초마다 알록달록하게 바꾸어 봅시다. 여기서는 random() 함수와 background() 함수 그리고 delay() 함수를 활용합니다.

```
void draw(){
  float r = random(0,255);
  float g = random(0,255);
  float b = random(0,255);
  background(r, g, b);
  delay(500);
}
```

random() 함수는 draw(); 함수처럼 계속해서 반복한다는 점에서 비슷합니다. 하지만 draw();와는 달리 무작위로 정수를 변화시켜주는 함수입니다. random();의 괄호 안에는 무작위로 선정할 범위를 정해줍니다. 0부터 225사이를 원한다면 random(0,255);라고 작성하면 됩니다.

background() 함수는 출력되는 실행창의 배경색을 설정해 주는 함수입니다. 괄호 안의 r, g, b는 각각 붉은색, 초록색 및 푸른색을 나타내는 숫자로 0이 제일 낮고 255가 제일 큰 수입니다. 빛의 3원색으로 0,0,0은 검은색, 255,255,255는 흰색을 표시합니다. 푸른색은 0, 0, 255입니다.

delay() 함수는 너무 빨리 화면이 바뀌는 것을 막아주기 위해 0.5초간 정지시키는 역할을 합니다. 1000이 1초이므로 500은 0.5초입니다.

1.2 주사위 실험

주사위를 던지면 1에서 6까지 숫자가 나옵니다. 컴퓨터로 주사위 던지기를 해봅시다. random(1,6);은 1에서 6까지 중에 숫자 하나를 선택해 줍니다. int( );는 값을 정수로 바꾸어 줍니다. println(); 함수는 메시지 창(아래 부분)에 출력해 줍니다. 아래 상자의 스케치는 1에서 6중에 하나를 찾아줍니다.

```
void setup(){
  println("Roll!");
  int d1 = int(random(1,6));
  println(d1);
}
```

스케치 읽기

```
void setup(){
  println("Roll!");              // Roll!을 메세지창에 출력.
  int d1 = int(random(1,6));     // d1을 선언하고 d1에 1부터 6까지 중에 숫자
                                 // 하나를 선택한 값을 넣어줌.
  println(d1);                   // d1값을 화면 메세지창에 출력함.
}
```

Q. 주사위를 3번 던지는 실험을 해봅시다.

```
void setup(){
  println("Roll!");
  int d1 = int(random(1,6));
  println(d1);
  println("Roll!");
  int d2 = int(random(1,6));
  println(d2);
  println("Roll!");
  int d3 = int(random(1,6));
  println(d3);
}
```

주사위를 6000번 시뮬레이션 하는 프로그램을 작성하세요.

```
int []d = new int [6];        // 정수 배열의 선언
void setup(){
  int a;
  for(int i=0;i<6000;i++){ // 6000번 던지기
     a = int(random(0,6));
     d[ a ]++;
  }
  for(int j=0; j<6; j++)    // 결과 출력
a}
```

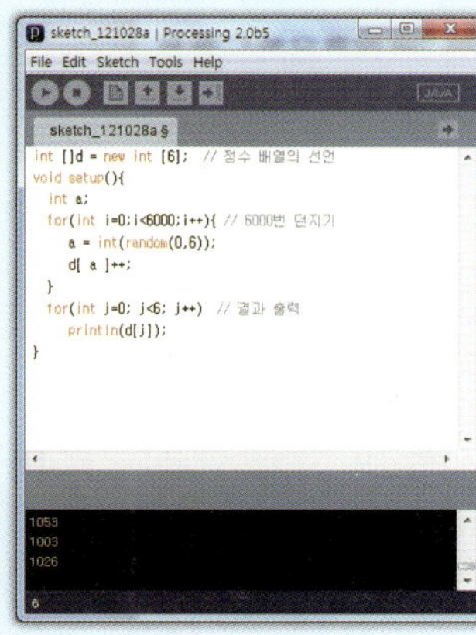

6개의 정수 배열은 int []d=new int [6];처럼 선언합니다. random(0, 6);은 0에서 6까지의 값을 리턴하며, a 값은 0~5의 범위를 가집니다. d[a]++;는 a 값에 따라 d[] 배열 중에 d[0], d[1], d[2], d[3], d[4], d[5] 중에 하나가 증가합니다. 이것을 6000번 반복한 다음 결과를 출력합니다.

1.3 프로세싱의 내장 함수 소개

프로세싱에서 제공되는 함수를 내장 함수라고 합니다. 이 함수들의 사용법을 배우고 익혀 잘 활용하면 멋지게 프로그램을 작성할 수 있고, 어떤 어려운 프로그램도 작성할 수 있는 우수한 프로그래머가 될 수 있습니다.

구분	함수
구조	setup(), draw(), exit(), noloop()
환경	frameRate(), size()
문자열	sprit(), 배열, sort()
모양	line(), rect(), point(), 3D, box(), sphere()
속성	smooth(), strokeWeight()
마우스	mousePressed()
키보드	keyPressed()
파일	open(), loadBytes(), loatStrings()
웹	link()
시간	second(), hour(), day(), year()
출력	print(), println()
변형	rotate(), translate(), scale()
컬러	background(), fill(), stroke(), blue()
영상	loadImage()
글씨	text(), textSize()
수학	abs(), log(), max(), sqrt()
삼각함수	sin(), asin(), tan(), cos()
랜덤	random()

요약

- random() 함수는 숫자를 발생해 줍니다.
- delay() 함수는 기다려 줍니다.
- 프로세싱 내장 함수를 이용한 배경 바꾸기
- 프로세싱 내장 함수를 이용한 주사위 시뮬레이션
- 프로세싱에 포함된 내장 함수 소개

연습문제

Q1. 내장 함수란?

Q2. 프로세싱의 내장 함수 5개를 예로 들어보세요.

Q3. 임의의 숫자를 만들어 주는 함수는?

Q4. 프로세싱의 내장 함수에는 어떤 것이 있는지 알 수 있는 방법은?

연습문제 해답

1. 프로세싱에서 제공하는 함수 2. size(), delay(), setup(), stroke(), line() 3. random() 4. 프로세싱을 실행하고 Help > Reference에서 알아볼 수 있다. 여기서 단어 끝에 ()가 된 것은 모두 내장 함수입니다.

실습 예제

1. 크기가 80,80인 원을 랜덤하게 출력하세요.

2. 랜덤 한 타원 만들기

```
void setup(){
  size(500,500);
}
void draw(){
  float x = random(0,width);
  float y = random(0,width);
  float r = random(0,255);
  float g = random(0,255);
  float b = random(0,255);
  float sx = random(0,width/5);
  float sy = random(0,width/5);
  fill(r,g,b);
  ellipse(x, y, sx,sy);
}
```

SECTION
10

함수 만들기

학습목표 · 함수를 만들고 이것을 이용하여 눈사람 16개를 그릴 수 있다.

학습내용
- 사용자 함수 만들기
- 함수란 뭘까?
- 함수가 왜 필요할까?
- 함수의 매개 변수
- 함수의 리턴값

1.1 간단한 함수 만들기

함수에서 매개 변수로 보낸 숫자를 두 배로 만들고, 출력하는 스케치를 만들어봅시다.

```
void setup(){
  twice(2);          // 함수의 호출
  twice(5);          // 함수의 호출
  twice(88);         // 함수의 호출
}
void twice(int a){ // 함수의 작성
  int b;
  b = a*2;
  println(b);
}
```

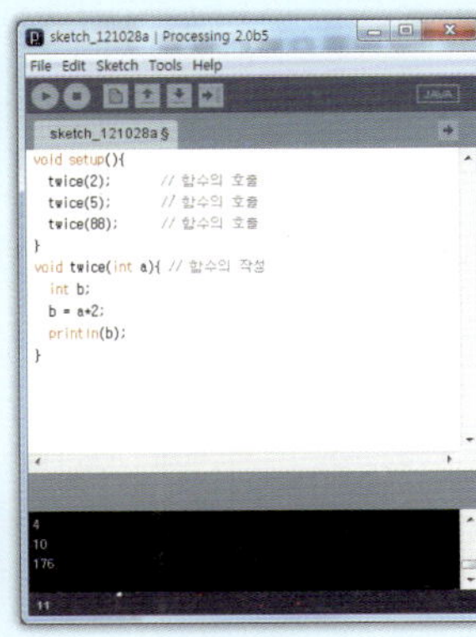

함수는 다음처럼 구성이 됩니다.

void	twice	(int a){함수내용}
함수의 형	함수 이름	매개 변수

함수를 만드는 것을 "함수의 작성"이라고 하며, 필요할 때 불러 쓰는 것을 "함수의 호출" 이라고 합니다. 함수는 복잡한 스케치를 작은 덩어리로 나누어 알아보기 쉽고 오류를 수정하기 쉽게 해줍니다. 제일 큰 장점은 잘 만들어 둔 함수를 다시 활용할 수 있다는 것입니다.

함수는 계산한 값을 리턴할 수 있습니다. 두 수를 전달하면 면적을 계산하여 리턴하는 프로그램을 작성해봅시다. int area()는 계산한 값을 정수로 반환합니다.

```
void setup(){
  int a;
  a = area(4, 5);
  println(a);
}
int area(int a, int b){
  int c;
  c = a * b;
  return(c);
}
```

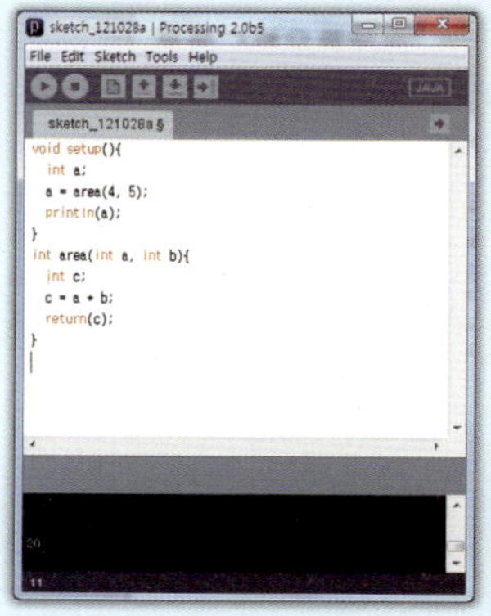

1.2 함수에 대한 설명

함수란 복잡한 스케치를 간단하게 만들기 위해 미리 프로그램을 짜놓고 그것을 동작하도록 약속하는 것입니다. 예를 들어서 로봇을 움직이게 할 때 앞으로 이동하는 것을 goForward(), 오른쪽으로 가는 것을 goRight(), 왼쪽으로 이동을 goLeft() 장애물을 만나면 뒤로 이동을 goBack()이라고 약속하는 것입니다. 일일이 하나하나 명령을 만든다면 시간도 많이 걸리고 복잡하겠죠? 다시 말해, 함수는 특정한 일을 하는 프로그램 덩어리로, 매개 변수를 전달하면 함수가 처리해서 결과를 되돌려 줍니다.

함수에는 언어와 마찬가지로 사용할 때 규칙이 있습니다. 대부분 이러한 규칙을 적용하여 프로그램을 작성합니다.

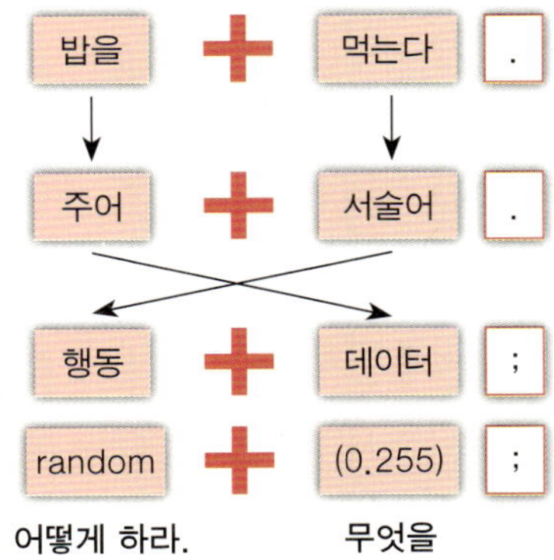

1.3 눈사람 스케치

ellipse() 함수를 두 번 사용하여 눈사람의 몸통과 머리를 만들어 봅시다. 점차 이 프로그램을 사용자 정의 함수로 만들어 봅니다.

```
int x, y;
x=50; y=25;
ellipse(x, y, 30,30);
ellipse(x, y+40, 50,50);
```

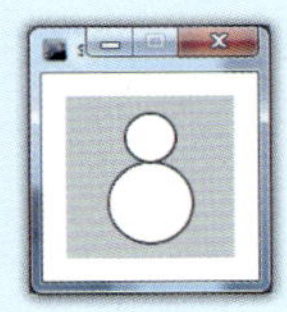

복사하여 여러 개의 눈사람을 만들어 봅시다. 자, 우선 두 개를 만들어 보세요. 창의 크기를 가로로 조금 키우고, 위치를 바꾸어 복사하세요.

```
size(200, 100);
int x, y;

x=50; y=25;
ellipse(x, y, 30,30);
ellipse(x, y+40, 50,50);

x=50+100; y=25;
ellipse(x, y, 30,30);
ellipse(x, y+40, 50,50);
```

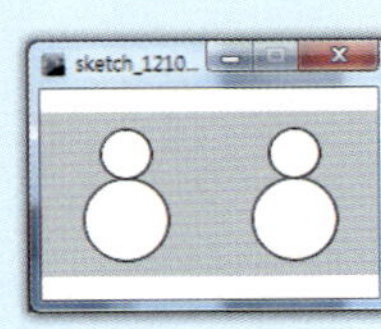

눈사람 네 개를 만들어 보세요.

```
size(200, 200);
int x, y;

x=50; y=25;
ellipse(x, y, 30,30);
ellipse(x, y+40, 50,50);

x=50+100; y=25;
ellipse(x, y, 30,30);
ellipse(x, y+40, 50,50);

x=50; y=25+100;
ellipse(x, y, 30,30);
ellipse(x, y+40, 50,50);

x=50+100; y=25+100;
ellipse(x, y, 30,30);
ellipse(x, y+40, 50,50);
```

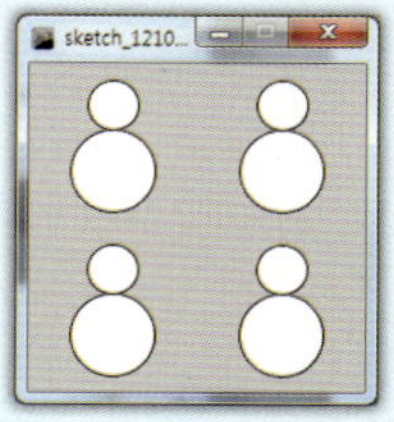

동일한 코드가 여러 번 반복되는 경우 함수로 만들면 프로그램이 간단해집니다. 함수를 이용하여 눈사람을 만들어 봅시다. 눈사람을 snowman()으로 하고 매개 변수는 눈사람 그릴 위치 좌표를 전해줍니다.

```
void setup() {
  size(200, 200);

  snowman(50, 25);              // 첫 번째 눈사람 호출
  snowman(50+100, 25);          // 두 번째 눈사람 호출
  snowman(50, 25+100);          // 세 번째 눈사람 호출
  snowman(50+100, 25+100);      // 네 번째 눈사람 호출
}
void snowman(int x, int y) {  // 눈사람 함수, 매개 변수는 중심 좌표
  ellipse(x, y, 30, 30);
  ellipse(x, y+40, 50, 50);
}
```

snowman() 함수를 활용하여 눈사람 16개를 만들어 봅시다. 반복문을 활용하면 쉽게 만들 수 있어요.

```
void setup() {
  int i;
  size(800, 200);
  for(i=0;i<8;i++){
    snowman(50+i*100, 25);
    snowman(50+i*100, 25+100);
  }
}
void snowman(int x, int y) {
  ellipse(x, y, 30, 30);
  ellipse(x, y+40, 50, 50);
}
```

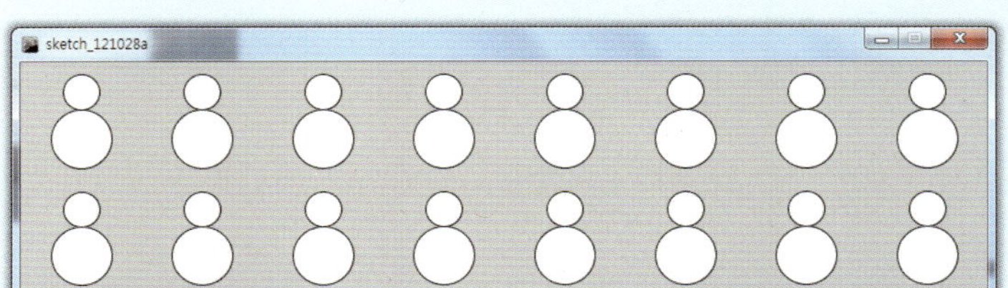

만약 크기와 색상이 다른 눈사람 100개를 화면의 아무 곳이나, 여기저기에 만들려면 어떻게 해야 할까요? random() 함수를 이용하면 아무 정수 값을 구할 수 있기 때문에 매우 유용합니다.

```
void setup() {
  int i, x, y;
  size(800, 200);
  for (i=0;i<100;i++) {
    x = int(random(0, width));
    y = int(random(0, height));
    snowman(x, y);
  }
}
void snowman(int x, int y) {
  pushMatrix();
  fill(random(0, 255), random(0, 255), random(0, 255)); // 색상
  translate(random(0.5, 1.0), random(0.5, 1.0));
  scale(random(0.5, 1.5), random(0.5, 1.5));
  ellipse(x, y, 30, 30);
  ellipse(x, y+40, 50, 50);
  popMatrix();
}
```

개구리 만들기를 통해 함수와 함수 작성 방법을 한 번 더 학습해 봅시다.

1.4 개구리 스케치

```
int cx=50, cy=60;
ellipse(cx,cy,80,60);
arc(cx,cy,60,30,0,PI);
ellipse(cx-20,cy-30,32,32);
ellipse(cx+20,cy-30,32,32);
ellipse(cx-20,cy-30,5,5);
ellipse(cx+20,cy-30,5,5);
```

여러 마리의 개구리를 만들고 싶으면 개구리 수만큼 스케치를 복사해야 합니다. 두 마리를 만들어 봅시다.

```
size(200,100);

int cx=50, cy=60;
ellipse(cx,cy,80,60);
arc(cx,cy,60,30,0,PI);
ellipse(cx-20,cy-30,32,32);
ellipse(cx+20,cy-30,32,32);
ellipse(cx-20,cy-30,5,5);
ellipse(cx+20,cy-30,5,5);

cx=150; cy=60;
ellipse(cx,cy,80,60);
arc(cx,cy,60,30,0,PI);
ellipse(cx-20,cy-30,32,32);
ellipse(cx+20,cy-30,32,32);
ellipse(cx-20,cy-30,5,5);
ellipse(cx+20,cy-30,5,5);
```

개구리 한 마리

함수로 만들어 봅시다.

```
void setup() {
  size(200, 100);
  flog(50, 60);
  flog(150, 60);
}
void flog(int cx, int cy) {
  ellipse(cx, cy, 80, 60);
  arc(cx, cy, 60, 30, 0, PI);
  ellipse(cx-20, cy-30, 32, 32);
  ellipse(cx+20, cy-30, 32, 32);
  ellipse(cx-20, cy-30, 5, 5);
  ellipse(cx+20, cy-30, 5, 5);
}
```

→ 개구리 한 마리

스케치 읽기

```
void setup() {      // 한 번 실행할 함수 설정
  size(200, 100); // 실행 창의 사이즈 설정
  frog(50, 60);    // frog 함수에 50과 60 값 보냄.
  frog(150, 60);   // frog 함수에 150과 60 값 보냄.
}
void frog(int cx, int cy) {  // 두 개의 값을 받는 frog 함수 선언.
  ellipse(cx, cy, 80, 60);    // 개구리 얼굴 cx, cy의 값에 따라 위치가
                              // 달라짐. 아래의 cx, cy도 동일하게 적용
  arc(cx, cy, 60, 30, 0, PI);        // 개구리 입
  ellipse(cx-20, cy-30, 32, 32);   // 개구리 왼쪽 눈
  ellipse(cx+20, cy-30, 32, 32);   // 개구리 오른쪽 눈
  ellipse(cx-20, cy-30, 5, 5);       // 개구리 왼쪽 눈동자
  ellipse(cx+20, cy-30, 5, 5);       // 개구리 오른쪽 눈동자
}
```

어때요? 재미있죠! 그럼 개구리 여섯 마리를 만들어 볼까요?

```
void setup() {
  size(600, 100);
  for(int i=0;i<6;i++){
    flog(50+i*100, 60);
  }
}
void flog(int cx, int cy) {
  ellipse(cx, cy, 80, 60);
  arc(cx, cy, 60, 30, 0, PI);
  ellipse(cx-20, cy-30, 32, 32);
  ellipse(cx+20, cy-30, 32, 32);
  ellipse(cx-20, cy-30, 5, 5);
  ellipse(cx+20, cy-30, 5, 5);
}
```

스케치 읽기

```
void setup() {              // 한 번 실행할 함수 설정.
  size(600, 100);           // 실행 창의 사이즈를 설정. x=600, y=100
  for(int i=0;i<6;i++){     // for 문은 괄호속의 조건이 만족할 때만
                            // 계속해서 돌려 줌. 조건 : i를 선언하고 0을 넣음.
                            // i가 6보다 작을 때 까지 i 값을 1씩 증가시킴.
    flog(50+i*100, 60);     // flog 함수를 부름.
                            // 부를 때 50+i*100 값과 60 값을 보낸값을 부름.
  }
}
void flog(int cx, int cy) {
  ellipse(cx, cy, 80, 60);
  arc(cx, cy, 60, 30, 0, PI);
  ellipse(cx-20, cy-30, 32, 32);
  ellipse(cx+20, cy-30, 32, 32);
  ellipse(cx-20, cy-30, 5, 5);
  ellipse(cx+20, cy-30, 5, 5);
}
```

요약

- 사용자 작성 함수
- 함수의 필요성
- 함수 만들기

연습문제

Q1. 사용자가 어떤 특정한 작업을 하도록 명령을 모아서 덩어리로 만든 프로그램을 무엇이라 하는가?

Q2. rect() 함수처럼 프로세싱에서 제공하는 함수를 무슨 함수라고 하는가?

Q3. 함수로 전달하는 값을 무엇이라 하는가?

Q4. 함수이름에 특수 문자를 넣어도 될까?

Q5. 함수를 활용하면 어떤 장점이 있는가?

연습문제 해답

1. 사용자 함수 2. 프로세싱 함수 3. 매개 변수 4. 안됨 5. 프로그램을 모듈화할 수 있다. 프로그램 수정이 쉽고, 재활용할 수 있다.

실습 예제

1. 원의 반지름을 전달하면 원의 면적을 계산하여 리턴하는 프로그램을 함수로 작성하세요.

```
float area(float r) {
  return 3.14*r*r;
}
void setup() {
  println(area(1));
}
```

2. 주사위를 60,000번 던지면 1부터 6까지 숫자가 어떻게 나오는지 시뮬레이션하는 프로그램을 함수로 작성하세요.

```
void dice() {
  int []h = new int[6];
  for(int i=0;i<60000;i++)
    h[ (int)random(0,6) ]++;
  for(int i=0;i<6;i++)
    println(h[i]);
}
void setup() {
  dice();
}
```

3. 개구리 200마리를 만들자. 크기 색깔 위치를 무작위(random)하게 뛰어 놀 수 있도록 해 보자.

```
void setup() {
  size(600, 400);
  for(int i=0;i<100;i++){ // 100마리 호출
    flog(); // 개구리 함수
  }
}
void flog() {
  pushMatrix(); // 이전상태를 저장
  int cx = int(random(0, width));    // 위치
  int cy = int(random(0, height));  // 위치
  fill(random(0, 255),random(0, 255), random(0, 255));
                                    // 색상
  translate(random(0.5, 1.0), random(0.5, 1.0));
  scale(random(0.5, 1.5),random(0.5, 1.5));
  ellipse(cx, cy, 80, 60);          // 얼굴
  ellipse(cx-20, cy-30, 32, 32);    // 눈
  ellipse(cx+20, cy-30, 32, 32);    // 눈
  ellipse(cx-20, cy-30, 5, 5);      // 눈동자
  ellipse(cx+20, cy-30, 5, 5);      // 눈동자
  fill(random(0, 255),random(0, 255), random(0, 255));
  arc(cx, cy, 60, 30, 0, PI);       // 입
  popMatrix();
}
```

4. 마우스의 이동속도에 따라 굵기가 다른 타원을 그리는 스케치를 작성하세요.

```
void setup() {
  size(640, 360);
  background(102);
}
void draw() {
  vEllipse(mouseX, mouseY, pmouseX, pmouseY);
}
void vEllipse(int x, int y, int px, int py) {
  float speed = abs(x-px) + abs(y-py);
  stroke(speed);
  ellipse(x, y, speed, speed);
}
```

SECTION 11

클래스와 객체

학습목표
- 클래스를 이용하여 왼쪽에서 오른쪽으로 이동하는 눈사람을 스케치할 수 있다.

학습내용
- 클래스 만들기
- 클래스와 객체와의 관계
- 객체의 생성

복습내용
- 변수란? 컴퓨터 메모리에 어떤 값을 넣는 장소로 선언을 하는 것
- 함수란? 프로그램 덩어리
- 원을 그려보세요. 원의 중심 좌표는 변수로 나타냅니다. 마우스의 위치에 원을 그려 보세요.

1.1 클래스 소개

데이터와 함수를 한 덩어리로 처리하는 것이 클래스입니다. 클래스는 멤버변수와 멤버 함수로 나눠집니다. 클래스는 새로운 세상을 만드는 것입니다. 엄마, 아빠, 동생, 자신이 모인 것을 큰 단위로 정의해 보면 "사람"이라는 클래스가 만들어집니다. 멤버 변수란 클래스 안에 있는 사람이 걷고, 말하는 각각의 행동을 말합니다. 객체는 사람 클래스에서 구체적으로 표현되는 값을 말합니다. 즉 엄마, 아빠, 동생, 자신이 객체가 됩니다. 따라서 '내가 말한다', '아빠가 걷는다'와 같이 프로그램으로 표현을 합니다.

함수는 행동을 하도록 한 것이며, 클래스는 함수에 변수를 멤버로 추가해서 데이터와 행동을 하나로 묶어서 처리합니다.

1.2 원 그리기 클래스

원을 그리는 Cir 클래스를 만들어 봅시다. 멤버 변수로 x, y를 가지며 멤버 함수로는 dr()을 가집니다. 원의 중심 좌표는 a, b를 매개 변수로 전달받고, x, y에 넣습니다.

```
class Cir {
  float x, y;                    // 클래스 변수 : 중심 x, y 좌표
  void dr(int a, int b) { // 클래스 함수
   x=a;
   y=b;
    ellipse(x, y, 80, 80);
  }
};
Cir c; // 클래스 Cir의 c 선언
void setup() {
  c = new Cir(); // 클래스의 생성
}
void draw() {
  c.dr(50, 50);  // 그리기의 실행
}
```

1.3 생성자와 객체 만들기

생성자는 클래스와 동일한 이름의 함수를 말하며, 객체를 생성할 때마다 호출됩니다. 따라서 변수를 초기화하거나 객체가 어떤 초기의 값을 가져야 할 지 정하기에 적합합니다. 객체를 만드는 예를 들어봅시다. 세상에 나 혼자만 있으면 쓸쓸할 수도 있습니다. 학교의 같은 반 친구도, 학원 친구도 만들려면 어떻게 해야 할까요? 객체를 생성하여 사용하면 됩니다. 객체를 생성하기 위해서는 new라는 키워드를 활용합니다.

```
class Cir {
  float x, y;  // 클래스 변수: x, y 좌표
  Cir(int a, int b){
    x = a;
    y = b;
  }
  void dr() { // 클래스 함수
    ellipse(x, y, 80, 80);
```

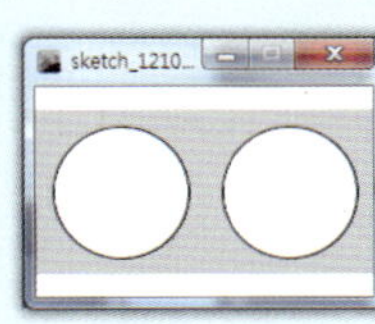

```
  }
};
Cir c1, c2;
void setup() {
  size(200, 100);
  c1 = new Cir(50,50);   // C1 객체의 생성
  c1.dr();
  c2 = new Cir(150,50); // C2 객체의 생성
  c2.dr();
}
```

스케치 읽기

```
class Cir {    // 클래스 Cir를 만듬.
  float x, y;  // 클래스 변수 : x, y 좌표
  Cir(int a, int b){
    x = a;
    y = b;
  }
  void dr() {                  // 클래스 함수
    ellipse(x, y, 80, 80); // 받은 2개의 중심에 ellipse()로 원을 그림
  }
};
Cir c1, c2;                    // 클래스 c1, c2를 만들어 줌.
void setup() {
  size(200, 100);              // 화면에 나타날 실행창의 크기를 정함.
  c1 = new Cir(50,50);         // 클래스 1에 객체를 생성하기 위해
                               // 50, 50 값을 보냅니다. 그 값을 c1에 저장함.
  c1.dr();                     // c1의 dr() 함수를 호출
  c2 = new Cir(150,50);        // 중심 좌표 150, 50으로 c2 클래스 생성
  c2.dr();                     // c2의 dr() 함수를 호출
}
```

1.4 클래스로 이동하는 눈사람 만들기

```
class SM{
  float x, y;
  float sp;
  SM(float py, float s){  // 생성자
    y = py;
    sp = s;
  }
  void move(){
    x = x+sp;
    if(x>width) x=0;
    ellipse(x, y,    30, 30);
    ellipse(x, y+40, 50, 50);
  }
};
SM sm1;
void setup(){
  size(400,100);
  sm1 = new SM(30,1); // 객체 생성
}
void draw(){
  background(128);
  sm1.move();
}
```

★ 눈사람이 왼쪽에서 오른쪽으로 이동함

스케치 읽기

```
class SM{
  float x, y;   // 클래스 변수: x, y 좌표
  float sp;     // 클래스 변수: 속도
  SM(float py, float s){ // 생성자
    y = py;     // y 좌표 = 세로 좌표
    sp = s;     // 속도
```

```
  }
  void move(){          // 클래스 함수
    x = x+sp;           // 위치를 바꿈
    if(x>width) x=0; // 왼쪽 끝
    ellipse(x, y,     30, 30);
    ellipse(x, y+40, 50, 50);
  }
};
SM sm1;
void setup(){
  size(400,100);
  sm1 = new SM(30,1); // y 위치, 속도
}
void draw(){
  background(128);
  sm1.move();
}
```

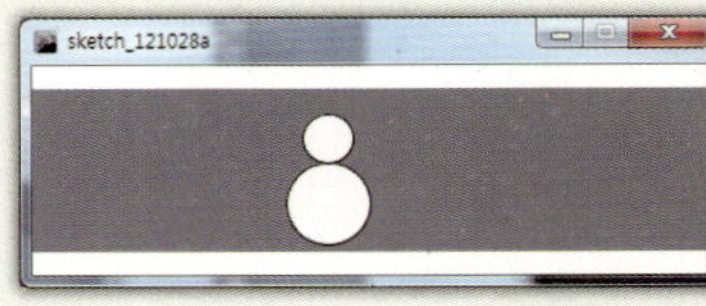

요약

- 클래스는 멤버 변수와 멤버 함수로 구성이 됨.
- 클래스는 붕어 빵틀이며 객체는 빵틀로 만든 빵.
- 생성자는 클래스 이름과 동일하며 변수를 초기화하는 값을 저장하기에 적합

연습문제

Q1. 클래스에는 두 가지 멤버가 있다. 무엇일까?

Q2. 클래스와 객체와의 관계는?

Q3. 생성자는 클래스 이름과 달라도 될까?

Q4. 생성자의 역할은?

Q5. 클래스란 무엇인가?

Q6. 객체는 무엇인가?

Q7. 클래스 변수들을 초기화하기에 적합한 클래스 이름과 같은 함수를 무엇이라 하는가?

실습 예제

1. 원 세 개를 왼쪽에서 오른쪽으로 이동하는 스케치를 클래스를 활용하여 작성해 보세요.
2. 집을 클래스로 만들어 보세요.
3. 개구리를 클래스로 만들어 보세요.

연습문제 해답

1. 멤버변수, 멤버함수 2. 클래스는 선언이고, 객체는 클래스의 구현이다. 3. 같아야 함. 4. 변수를 초기화하기에 적합함 5. 관련된 멤버 변수와 함수를 하나의 덩어리로 만든 것. 6. 클래스에 의해서 생성되어진 데이터 7. 생성자

SECTION

12 배열의 활용

학습목표 • 배열을 이용하여 선 두 개를 이은 도형을 그릴 수 있다.

학습내용
• 배열이란?
• 배열의 선언 방법
• 배열을 초기화 하는 방법
• 배열을 접근하려면? 인덱스를 활용, 첫 인덱스는 0임

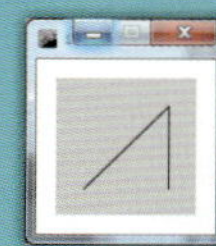

복습내용 • 선긋기, 선의 색상, 선의 굵기, 배경을 변경하는 실습을 해 봅시다.
좌표 {20, 80}에서 {80, 20}으로 선을 긋는 프로그램을 작성하세요.

```
line(20, 20, 80, 80);
```

• 선의 두께를 16 픽셀로 하세요.

```
strokeWeight(16);
line(20, 20, 80, 80);
```

• 선의 색상을 초록색으로 하세요. 배경을 노란색으로 바꾸세요.

```
stroke(0, 255, 0);
background(255, 255, 0);
strokeWeight(8);
line(20, 20, 80, 80);
```

1.1 배열의 선언, 생성 및 접근

3개의 정수 배열에 {3, 2, 4}를 넣고 모두 더하여 출력하는 스케치를 작성하세요. 배열은 []를 활용합니다. 배열의 선언과 초기화는 new 키워드를 활용합니다. int []a= new int [3];는 정수 세 개를 담을 통을 만든 것입니다. 배열의 접근은 인덱스로 합니다. [0], [1], [2]가 인덱스입니다. 각 배열의 요소 값은 a[0]처럼 나타냅니다.

```
int []a = new int [3];
a[0]= 3;
a[1]= 2;
a[2]= 4;
println(a[0]+a[1]+a[2]);
```

배열은 for 문으로 접근할 수 있습니다. 배열의 내용을 모두 출력하는 스케치를 작성해봅시다.

```
int []a = new int [3];
a[0]= 3;
a[1]= 2;
a[2]= 4;
for(int i=0; i<3; i++) println(a[i]);
```

배열의 요소를 넘어가면 오류가 발생하므로 주의를 해야 합니다.

1.2 배열에 대한 설명

함수를 배우는 장에서 함수라는 상자를 만들어서 각 상자별 역할을 부여했으며, 그 상자 안에 어떤 값을 넣을지 만들어 보았습니다. 하지만 매번 상자를 만들면 번거롭겠죠? 우리가 살고 있는 아파트를 생각해 봅시다. 한 아파트 건물의 같은 라인에는 집 구조가 동일합니다. 하나의 변수가 아파트 한 층이라면 배열을 통해 5층 아파트, 15층 아파트를 뚝딱뚝딱 만들어 활용할 수 있습니다.

다시 말해, 같은 형의 변수를 연속하여 여러 개 활용하는 것을 배열이라 합니다. 일반 변수를 선언할 때 int x;라고 한다면 배열을 만들 때는 int[] x;라고 선언을 해 줍니다.

아래 층과 위 층을 구별할 때는 무엇으로 판단하나요? 바로 호수입니다. "우리 집은 1005호입니다." 하면 10층의 5번째 라인에 살고 있다고 한 번에 알 수 있습니다. 이처럼 배열도 몇 번째 집인지 알기 위해서 번호를 붙여줍니다. 배열은 0부터 시작합니다. 즉, int[3] x;를 선언했다면 x[0], x[1], x[2] 이렇게 3개의 변수가 생겼습니다.

중심이 (50,50)인 타원에서 긴축과 짧은 축인 2개의 정수를 배열로 저장하고, 타원을 그려봅시다.

```
int[] x;                // 선언
x = new int[2];         // new로 객체 생성하기
x[0]=80;                // 시작 인덱스는 0, =은 값의 대입
x[1]=50;
ellipse(50, 50, x[0], x[1]);
```

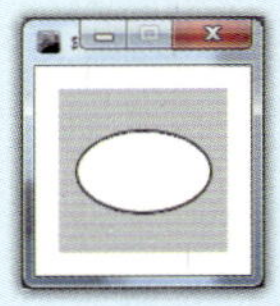

1.3 정수배열의 활용

좌표를 두 개의 정수 배열에 저장하고, 선을 긋는 실습을 해 봅시다.

```
int[] x = {20, 80}; // x[0]=20, x[1]=80으로 초기화
int[] y = {80, 20}; // y[0]=20, y[1]=80으로 초기화

line(x[0], y[0], x[1], y[1]);
```

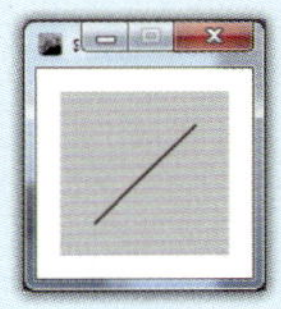

배열에는 요소를 append() 함수로 추가할 수 있습니다.

```
int[] x = {20, 80};
int[] y = {80, 20};
line(x[0], y[0], x[1], y[1]);
x = append(x, 80); // x[2]=80을 추가함
y = append(y, 80); // y[2]=80을 추가함
line(x[1], y[1], x[2], y[2]);
```

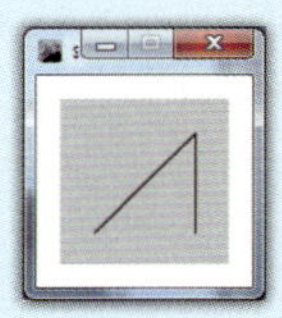

요약

- 배열의 선언(동일한 형을 연속하여 저장)
- 배열의 인덱스를 활용한 접근
- 배열의 초기화
- 배열은 for 문으로 순차 접근할 수 있음
- 배열에 append() 함수로 배열을 추가하고 값도 추가하기

연습문제

Q1. 동일한 형을 연속하여 사용하려면 (   )를 활용한다.

Q2. 배열을 생성하는데 사용하는 키워드는?

Q3. 배열의 크기를 추가를 하려면 어떤 함수를 활용하는가?

실습 예제

1. 배열을 이용하여 4개의 (x, y) 좌표를 저장하고, 이 배열을 활용하여 사각형을 그리시오.

```
int[] x = {20, 80, 80, 20};
int[] y = {20, 20, 80, 80};
line(x[0], y[0], x[1], y[1]);
line(x[1], y[1], x[2], y[2]);
line(x[2], y[2], x[3], y[3]);
line(x[3], y[3], x[0], y[0]);
```

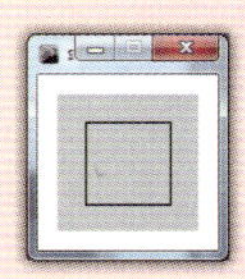

연습문제 해답

1. 배열 2. new 3. append()

SECTION

13 3차원 그래픽

학습목표
- 검정색 배경에 음영 처리한 3차원 육면체를 만들 수 있다.

학습내용
- 3차원 설정은 size() 함수에 P3D의 추가. size(320,240,P3D);
- 3차원 구 및 큐브 만듦

프로세싱은 오픈지엘(OpenGL)이라는 함수로 3D를 만듭니다. 이 함수는 기능이 많고 속도가 빨라 게임 등에 매우 다양하게 적용할 수 있습니다.

size(); 함수의 세 번째 매개변수로 P3D를 적어 프로세싱에 내장되어 있는 3D기능을 사용할 수 있습니다.

1.1 3차원 구 만들기

프로세싱의 멋진 장점 중의 하나는 복잡한 프로그래밍 기술을 쉽게 구현할 수 있다는 것입니다. sphere() 함수는 다각형으로 구현된 원을 그릴 수 있습니다.

```
void setup(){
  size(320,240, P3D);
  translate(width/2, height/2, -50);
  noFill();
  sphere(100);
}
```

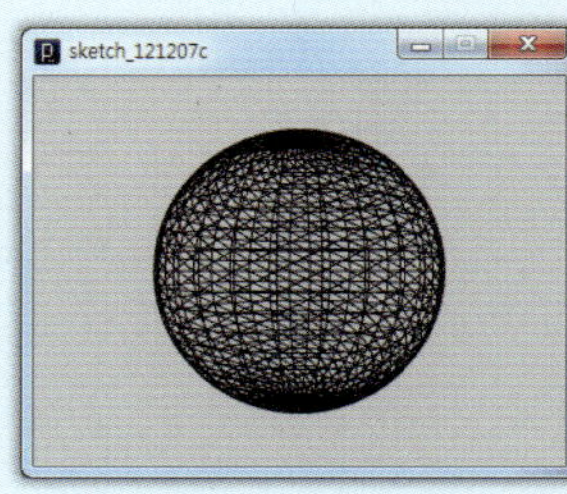

스케치 읽기

```
void setup(){
  size(320,240, P3D); // P3D를 추가 하면 3D로 표현할 수 있음.
  translate(width/2, height/2, -50); // 좌표를 이동시킴.
                                     // 실행창의 가운데로 오게 함.
  noFill();              // 색채우기 없음 외곽선만 나타남.
  sphere(100);           // 구의 반지름을 설정.
}
```

translate()은 '원점'의 위치를 정해주는 함수입니다. 만약 translate() 함수를 사용하지 않으면 그림의 원점은 좌측 상단이 됩니다.

3D는 x, y좌표에 z좌표가 추가됩니다. 따라서 translate() 함수의 마지막 요소는 z좌표를 뜻합니다. 아래 그림으로 보면 이해하기 더 쉽습니다.

translate()을 이용하여 원점의 위치를 왜 옮길까요? translate(width/2, height/2, -50); 부분만 삭제하고 프로그램을 실행시켜 보세요. 기본 상태의 원점의 위치는 좌측 상단이기 때문에 원이 1/4밖에 보이지 않습니다.

noFill()함수는 도형의 색상을 채우지 않고 외각선만 남겨두도록 합니다.

sphere()함수는 ellipse와 마찬가지로 동그라미를 만드는 함수입니다. 하지만 ellipse()는 원을, sphere()는 입체인 구를 만들 때 사용됩니다. 따라서 sphere()은 구체의 반지름만 설정해주면 됩니다.

```
void setup(){
  size(320,240, P3D);
  lights();
  noStroke();
  translate(width/2, height/2, -50);
  sphere(100);
}
```

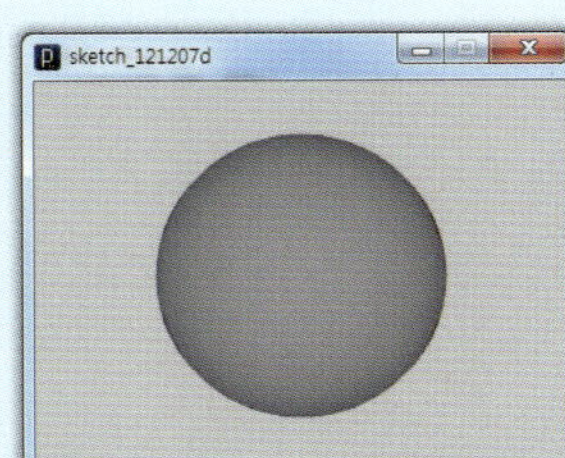

스케치 읽기

```
void setup(){
  size(320,240, P3D);     // P3D를 입력하면 3D로 표현할 수 있음.
  lights();               // 빛의 밝기를 표현함.
  noStroke();             // 선의 색을 나타내지 않음. (↔Stroke();)
  translate(width/2, height/2, -50); // 구의 원점을 이동시킴.
                          // 실행창의 가운데로 오게 함
  sphere(100);            // 구의 반지름을 설정(구의 크기를 결정.)
}
```

noStroke();는 선의 색을 나타내지 않습니다. stroke()함수는 선의 색상을, fill()함수는 도형의 면 색상을 설정할 수 있습니다. 선을 나타내지 않고자 stroke(0);을 했다면 0은 검정색을 나타내는 숫자이기 때문에 검정선이 나타납니다. 따라서 선 색 채우기 없음을 나타내고자 한다면 noStroke();, 면 색채우기 없음을 나타내고자 한다면 noFill();이라고 해야 합니다.

lights();를 이용해서 빛의 밝기를 나타낸다면 좀 더 명암을 볼 수 있어 입체적인 효과를 나타낼 수 있습니다.

1.2 3차원 육면체 만들기

```
background(0);
size(320, 240, P3D);
lights();
noStroke();
translate(width/2, height/2, 0);
rotateX(0.5);
rotateY(-0.5);
box(80);
```

스케치 읽기

```
background(0);                       // 배경을 검정색으로 설정.
size(320, 240, P3D);                 // P3D를 입력하면 3D로 표현.
lights();                            // 빛을 표현.
noStroke();                          // 선 색상 채우기 없음
translate(width/2, height/2, 0);     // 도형의 원점을 이동.
rotateX(0.5);                        // X축을 회전.
rotateY(-0.5);                       // Y축을 회전.
box(80);                             // 박스를 그림.
```

이 외의 3차원에 대한 학습은 프로세싱의 연습문제와 네이버의 “재미삼아 프로세싱” 카페(http://cafe.naver.com/processingcafe)를 활용해 주세요.

요약

- 3D는 size() 함수에 P3D 매개 변수를 추가
- 3차원 구의 출력
- 직육면체의 출력
- 추가 예제는 File > Examples > Libraries > opengl 참고

묻고 답하기

Q1. 3차원을 이용하려면 어느 함수에 P3D를 선언해야 하는가?

Q2. 프로세싱에서는 OpengGL 라이브러리를 활용할 수 있는가?

Q3. 3D로 구를 그리는 함수는 ?

Q4. 프로세싱의 3차원에서 x축을 회전하는 명령은?

실습 예제

1. 마우스를 활용하여 육면체에 그림을 입혀서 회전하는 프로그램을 작성하세요.

File>Examples>Libraries>openGL>Textures>TextureCube를 실행시키세요.

연습문제 해답

1. size() 함수 2. 활용할 수 있다. 3. spere() 함수 4. rotateX()

SECTION 14

웹 프로그래밍

학습목표 • 인터넷에 있는 영상을 마우스 누르는 곳에 나오도록 한다.

학습내용 • 인터넷에서 웹을 연결해 주는 link() 함수
• 인터넷의 영상을 가져오는 loadImage() 함수
• 마우스를 이용한 웹 링크

1.1 웹 소개

웹 문서는 여러 사이트와 링크로 연결됩니다. 예로 한글문서 작업을 할 때 네이버 주소를 치고 엔터키를 누르면 밑줄이 그어지면서 파란색으로 바뀝니다. 그리고 마우스를 그 주소에 가져다 대면 손가락 모양으로 바뀌고 더블 클릭하면 연결되어 네이버 메일 화면창이 뜹니다. 이를 하이퍼링크라고 합니다.

프로세싱에서 웹페이지를 연결해 주는 함수는 link()함수입니다. 이 함수로 간단하게 좋아하는 가수의 사진이나 영상을 연결할 수 있습니다.

1.2 웹의 영상읽기

인터넷 익스플로러에 있는 사진을 내 프로그램에 연결해봅시다.
http://jcshim.com/img/je.jpg에는 사진이 한 장 있습니다. 다음처럼 프로세싱의 스케치를 실행하면 사진이 화면에 나옵니다.

```
link("http://jcshim.com/img/je.jpg");
```

인터넷에 있는 사진을 화면으로 출력하기

```
PImage i;
i = loadImage("http://jcshim.com/img/je.jpg");
size(i.width, i.height);
image(i, 0, 0);
```

스케치 읽기

```
PImage i;                      // 사진을 저장할 곳을 선언.
i = loadImage("http://jcshim.com/img/je.jpg");
                               // 웹의 사진을 i에 저장.
size(i.width, i.height);  // 사진의 크기에 창의 크기를 맞춤.
image(i, 0, 0);                // i에 저장된 사진을 화면 (0, 0)위치에 맞추어 출력.
```

사진을 저장할 곳을 프로세싱의 영상 변수 PImage로 선언하고, loadImage() 함수로 사진을 가져옵니다. image() 함수는 사진을 화면에 출력합니다. 여기서 i는 영상 변수이고, 0과 0은 사진을 출력하는 위치입니다.

인터넷에 있는 영상을 마우스 왼쪽 버튼 누르는 곳에 나오도록 해 봅시다.

```
PImage i;
void setup(){
  size(800, 600);
  i = loadImage("http://jcshim.com/img/je.jpg");
}
void draw(){   }
void mousePressed(){
  image(i, mouseX, mouseY);
}
```

스케치 읽기

```
PImage i;                          // 사진을 저장할 곳을 선언.
void setup(){
  size(800, 600);                  // 실행 창의 크기를 설정.
  i = loadImage("http://jcshim.com/img/je.jpg");
                                   // 웹의 사진을 i에 저장.
}
void draw(){    }                  // 마우스가 눌러 지는지 계속 확인을 함.
void mousePressed(){               // 마우스를 누룰 때 x 좌표와 y 좌표값을
                                   // mouseX와 mouseY 변수에 저장.
  image(i, mouseX, mouseY);        // i 사진을 저장한 변수 값의 위치에 나타냄.
}
```

마우스 좌표가 mouseX와 mouseY 변수에 저장됩니다. 마우스 버튼을 누를 때마다 mousePressed() 함수가 실행이 됩니다.

1.3 마우스를 이용한 웹 링크의 스케치

다음의 스케치는 화면에 두 개의 사각형을 만들고 왼쪽의 사각형을 클릭하면 processing.org 홈페이지가 접속됩니다. 오른쪽의 대각선 화살표가 있는 사각형을 클릭하면 새 창에 processing.org 홈페이지가 접속됩니다.

```
boolean overLeftButton=false;
boolean overRightButton=false;
void setup(){
  size(200,200);
}
void draw(){
  if(overLeftButton==true){  fill(255);  }
  else{ noFill(); }
  rect(20,60,7 5,75);
  rect(50,90,15,15);
  if(overRightButton==true){ fill(255); }
  else { noFill();}
  rect(105, 60, 75, 75);
  line(135,105, 155, 85);
  line(140, 85, 155, 85);
  line(155, 85, 155, 100);
}
void mousePressed(){
  if(overLeftButton){ link("http://www.processing.org");}
  else if(overRightButton){
    link("http://www.processing.org", "_new");
  }
}
void mouseMoved(){  checkButtons(); }
void mouseDregged(){ checkButtons(); }
void checkButtons(){
  if (mouseX>20 && mouseX<95 && mouseY>60 && mouseY<135) {
    overLeftButton = true;
  } else if (mouseX>105 && mouseX<180 && mouseY>60 &&
mouseY<135) {
    overRightButton = true;
  } else {
    overLeftButton = overRightButton = false;
  }
}
```

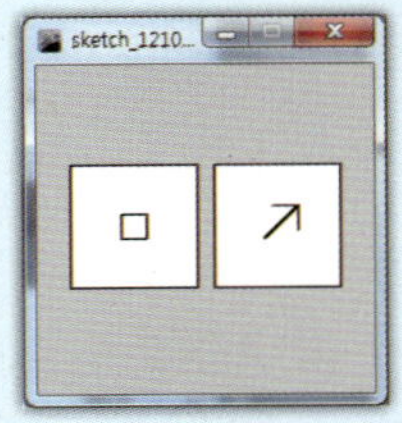

웹 링크 인터페이스

요약

- link() 함수를 이용한 웹의 연결
- 인터넷의 영상을 화면에 출력하기
- loadImage() 함수는 영상을 파일이나 인터넷에서 가져온다.
- 화면의 크기와 영상의 크기를 동일하게 만들기

연습문제

Q1. 프로세싱에서 인터넷의 내용을 내 화면에 출력할 때 사용하는 명령은?

Q2. 인터넷의 영상을 읽는 함수는?

실습 예제

1. 인터넷의 사진을 마우스를 누르는 지점의 가운데 출력되게 하세요.

```
PImage i;
void setup(){
  size(800, 600);
  i = loadImage("http://jcshim.com/img/je.jpg");
  imageMode(CENTER);
}
void draw(){
}
void mousePressed(){
  image(i, mouseX, mouseY);
}
```

2. 인터넷에 있는 두 장의 사진을 번갈아가며 출력하는 스케치를 작성하세요.
http://jcshim.com/img/b1.jpg
http://jcshim.com/img/b2.jpg

```
int numFrames = 2;      // 애니메이션의 프레임 수
int frame = 0;
PImage[] images = new PImage[numFrames];
void setup()
{
  frameRate(4);          // 프레임의 속도, 초당 4장
  // 파일의 위치에 따라 변경가능
  images[0]  = loadImage("http://jcshim.com/img/b1.gif");
  images[1]  = loadImage("http://jcshim.com/img/b2.gif");
  size(images[1].width, images[1].height);
  // 이미지 크기만큼 창 만들기
}
void draw()
{
  background(0);
  // % 연산자를 사용하여 [0]과 [1] 프레임을 반복
  frame = (frame+1) % numFrames;
  image(images[frame], 0, 0);
}
```

연습문제 해답

1. link() 2. loadImage()

SECTION
15 네트워크

학습목표
- 인터넷에 연결된 두 컴퓨터 간에 클라이언트 서버 방법으로 그림을 함께 그리는 스케치할 수 있다.

학습내용
- 네트워크 활용 프로그래밍의 이해
- 네트워크의 IP 번호에 대한 이해
- 네트워크의 포트 번호에 대한 이해
- 클라이언트 서버를 이용한 그림판 공유
- 배열의 학습
- 문자열의 해석

1.1 클라이언트와 서버로 그림판 공유하기

네트워크에 연결된 두 대의 컴퓨터 간에 그림을 그리는 스케치를 작성해 봅시다. 접속하는 고객(클라이언트) 컴퓨터 프로그램과 접속해 주는 서버(서비스) 컴퓨터 프로그램이 필요합니다. 내가 그리는 그림은 흰색으로 나타나며, 서버 쪽에서 그린 그림은 검은색으로 표시됩니다.

이 스케치는 마우스로 선을 만들면 시작점과 끝점 사이를 선으로 긋고, 이것을 write() 메서드로 서버로 보냅니다. 시작 좌표 점과 끝 좌표 점에 해당하는 각각 두 개의 정수를 보내야 하는데, 네 개의 정수 값 사이는 빈칸을 넣고, 마지막에는 새 줄 표시(\n)를 해서 보냅니다.

주의할 점은 반드시 서버 프로그램을 미리 실행하고, 클라이언트 프로그램을 실행합니다. 내가 그리는 그림은 검은색으로 표시되고, 상대방이 그리는 그림은 흰색으로 표시가 됩니다.

1 클라이언트(Client)의 스케치

예제: 그림판 공유를 위한 클라이언트 스케치

```
import processing.net.*;
Client c;         // 클라이언트 선언
String input;     // 서버에서 보내오는 선 정보를 저장
int data[];       // input의 내용을 정수로 바꾸어 넣는 곳
void setup() {
  size(320, 240);
  background(204);
  stroke(0);
  frameRate(10);
                  // 클라이언트 생성 주소와 포트번호
  c = new Client(this, "127.0.0.1", 12345);
}
void draw() {
  if(mousePressed == true){  // 마우스가 눌러 지면
    stroke(255);             // 흰색 표시
    line(pmouseX, pmouseY, mouseX, mouseY); // 선 긋기
                                            // 서버로 보내기
    c.write(pmouseX +" "+pmouseY+" "+mouseX+" "+mouseY+"\n");
  }
  if(c.available()>0){             // 클라이언트에 도착된 데이터가 있으면
    input=c.readString();          // 문자열을 읽고
    input=input.substring(0, input.indexOf("\n"));
                                   // 새 줄까지만 읽는다.
    data = int(split(input, ' ')); // 빈 칸을 기준으로 정수를 분리하고
    stroke(0);                     // 검은색으로
    line(data[0], data[1], data[2], data[3]); // 선을 긋는다.
  }
}
```

2 서버(Server) 스케치

네트워크와 관련된 함수를 사용하려면 첫 줄에 네트워크를 임포트해야 합니다. 임포트하는 방법은 import processing.net.*;를 적습니다. 현재의 컴퓨터(this)에서 포트번호 12345로 서버를 생성합니다. s=new Server(this, 12345); 마우스를 누르면 흰색으로 선을 그리고 서버에서 이전 좌표 점과 현재의 좌표 점을 빈 칸으로 분리하여 마지막에 새 줄(\n)표시를 넣어서 s.write("pmouseX+" "+pmouseY+" "+mouseX+" "+mouseY+"\n"); 클라이언트로 보냅니다. 클라이언트로부터 도착된 데이터가 있으면 새 줄까지만 자르고, 빈 칸을 기준으로 4개의 정수를 추출하여 검은 선을 긋습니다. 참고로 '\n'은 한글 자판에서 '₩n'으로 표시됩니다.

예제: 그림판 공유를 위한 서버 스케치

```
import processing.net.*;
Server s;
Client c;
String input;
int data[];
void setup() {
  size(320, 240);
  background(200);
  stroke(0);
  frameRate(10);
  s=new Server(this, 12345); // this는 나의 컴퓨터(), 포트번호는 12345
}
void draw() {
  if(mousePressed==true){     // 마우스가 눌러졌으면
    stroke(255);              // 흰색으로
    line(pmouseX, pmouseY, mouseX, mouseY);  // 선을 긋는다.
    // 서버가 데이터를 클라이언트에게로 보낸다.
    s.write(pmouseX+" "+pmouseY+" "+mouseX+" "+mouseY+"\n");
  }
  c = s.available();          // 클라이언트로부터 도착된 데이터가 있으면
```

```
  if(c!=null){
    input=c.readString();          // 문자열을 읽고
    input=input.substring(0, input.indexOf("\n"));
                                   // 새 줄 전까지 읽는다.
    data=int(split(input, ' ')); // 빈칸을 기준으로 4개의 정수 값을 분리하고
    stroke(0);                     // 검은색으로
    line(data[0], data[1], data[2], data[3]); // 선을 긋는다.
  }
}
```

클라이언트에서 그은 선이 서버의 화면에 나옵니다.

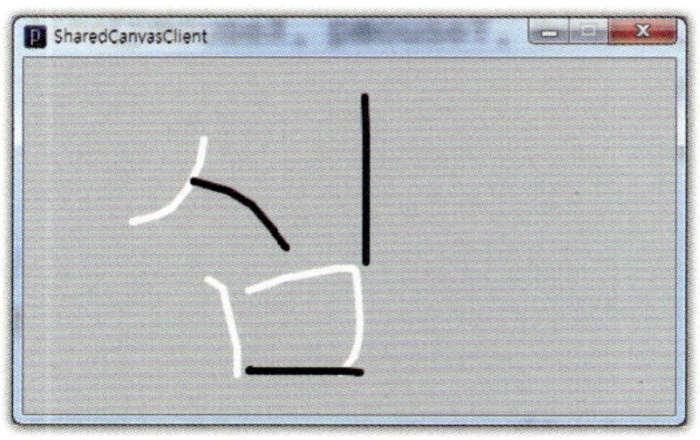

그림 1 그림판의 공유(검은 선은 내가 그린 것, 흰 것은 상대가 그린것)

요약

- 클라이언트 서버 프로그램으로 그림판을 공유할 수 있다.
- 네트워크를 활용하는 스케치를 작성한다.

연습문제

Q1. 서버에 접속하는 컴퓨터를 무엇이라고 하는가?

Q2. 클라이언트와 서버 스케치에서 Client c = new Client(this, "127.0.0.1", 12345); 12345는 무엇을 뜻하는가?

Q3. 클라이언트에서 웹 자료를 가져오기 위한 객체 생성 명령은?

Q4. 네트워크의 컴퓨터 간에 데이터를 주고받는 프로그램을 스케치하려면 임포트해야 하는 것은?

실습 예제

1. 인터넷에서 모나리자 그림이 있는 링크를 찾고 그 그림을 화면에 출력하는 스케치를 작성하세요.

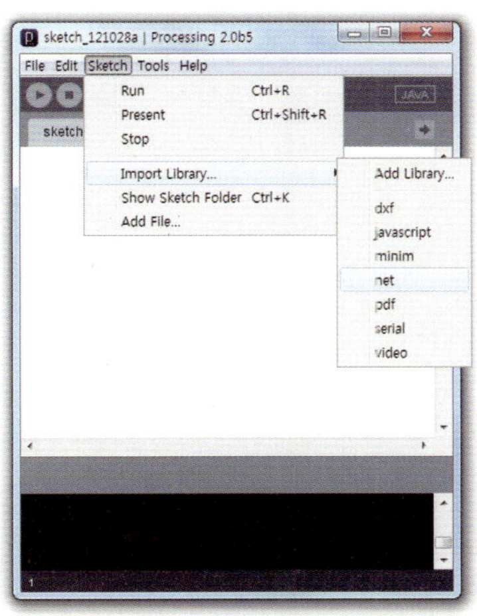

```
size(330, 440);
PImage img;
img = loadImage("http:// 모나리자 그림 사이트");
if (img != null) {
  image(img, 0, 0);
}
```

2. 네트워크 프로그램을 작성하고, 펜의 두께가 8픽셀이 되며, 내 화면에는 푸른색으로, 다른 컴퓨터 화면에는 초록색으로 나타나도록 프로그램을 스케치하세요.

연습문제 해답

1. 클라이언트 컴퓨터 2. 포트 번호 3. Client c = new Client(this, "웹주소", 80); // 포트번호를 80으로
4. import processing.net.*;을 첫 줄에 입력하거나, [Sketch > Import Library > Network]을 선택한다.

SECTION

16 파일 입출력

학습목표 • 하드디스크에 파일을 저장하고, 데이터를 다시 읽어올 수 있다.

학습내용 • 파일에 대한 이해
• 파일에 프로그램 데이터 저장하기
• 파일에서 데이터 읽기

1.1 바이트 저장 및 읽기

하드디스크에 저장한 데이터를 파일이라 합니다. 다섯 개의 정수를 my.dat 파일에 저장하세요. saveBytes() 함수는 바이트로 현재 폴더에 데이터를 저장합니다.

```
byte[] nums = {0, 34, 5, 127, 52};
saveBytes("my.dat", nums);
```

만약 c:\에 my.dat에 저장하려면 다음처럼 저장할 폴더를 추가합니다. 주의할 점은 백 슬래시가 두 개(\\)입니다.

```
byte[] nums = {0, 34, 5, 127, 52};
saveBytes("c:\\my.dat", nums);
```

현재 폴더에 있는 my.dat 파일을 읽고 파일 속에 들어 있는 다섯 개의 값을 출력해 봅시다. b.length는 몇 개의 바이트가 있는지 알려 줍니다.

```
byte b[] = loadBytes("my.dat");
for (int i = 0; i < b.length; i++) {
  print(b[i] + " "); // 바이트 값을 출력하고 한 칸을 띄움
}
```

영어를 알면 함수도 쉽게 이해하고 외울 수 있습니다. 대부분 영어 단어의 줄임말로 이름을 붙였기 때문입니다. 바이트를 하드디스크에 저장할 때는 saveBytes() 함수를 사용합니다. 바이트를 하드디스크로부터 읽을 때는 loadBytes() 함수를 사용합니다.

1.2 스트링으로 저장하고 읽기

파일의 각줄에 과일 이름을 하나씩 영어로 저장해 봅시다. String은 문자열을 처리하기에 적합한 데이터 형입니다.

```
String s = "apple banana bear cat dog";
String[] list = split(s, ' ');     // 띄어쓰기로 분리하여 각각의 단어를 만듬
saveStrings("nouns.txt", list);    // 단어를 저장
```

nuuns.txt 파일을 읽고 저장된 단어를 화면에 출력해 주는 스케치는 다음과 같습니다.

```
String lines[] = loadStrings("nouns.txt");
for (int i =0 ; i < lines.length; i++) {
  print(lines[i]+' ');
}
```

하드디스크에 저장한 데이터를 메모장으로 읽을 수 있도록 저장할 때는 saveStrings() 함수를 사용합니다. 하드디스크에 저장된 문자열을 읽을 때는 loadStrings() 함수를 사용합니다.

요약

- 파일에 저장하고 읽기
- 바이트를 하드 디스크 파일에 저장
- 바이트를 저장하는 명령은 saveBytes()

• 스트링을 하드 디스크 파일에 저장
• 스트링을 저장하는 명령은 saveStrings()

연습문제

Q1. 바이트를 하드디스크에 저장할 때 사용하는 함수는?

Q2. 바이트를 하드디스크로부터 읽을 때 사용하는 함수는?

Q3. 하드디스크에 저장한 데이터를 메모장으로 읽을 수 있도록 저장할 때 사용하는 함수는 ?

Q4. 하드디스크에 저장된 문자열을 읽을 때 사용하는 함수는?

실습 예제

1. 좌표 쌍이 저장된 my.txt의 내용을 읽어 선으로 연결하는 스케치를 작성하세요.

네이버의 "재미삼아 프로세싱" 카페 참고

2. 마우스로 도형을 그리고 키보드를 누르면 도형을 저장하는 프로그램을 작성하세요.

File>Examples>SaveFile1

연습문제 해답

1. saveBytes() 2. loadBytes() 3. saveStrings() 4. loadStrings()

SECTION

17 PDF 만들기

학습목표
- 여러 프레임의 화면을 하나의 PDF 파일로 저장할 수 있다.

학습내용
- 하나의 PDF 프레임 저장
- PDF 저장과 동시에 화면 출력
- 여러 프레임 PDF 저장
- 여러 화면을 하나의 PDF로 만들기

PDF 파일은 인터넷의 문서에서 많이 사용되는 문서 포맷입니다. 프로세싱을 이용하면 PDF 문서를 작성할 수 있습니다.

PDF 라이브러리는 벡터 그래픽 파일을 지원해서 화면을 크게 해도 깨끗한 선이 나옵니다. 그리고 웹에서 표준으로 사용하는 SVG 포맷도 지원됩니다. PDF 라이브러리는 스케치의 size() 함수와 함께 사용됩니다.

1.1 화면 출력없이 한 페이지 저장

이 예제는 PDF 파일인 "test.pdf"를 만들고 프로그램을 종료합니다. 화면에는 출력되지 않는데, 화면보다 큰 PDF 파일을 만들 때 유용합니다. PDF로 저장하려면 size();에서 미리 PDF를 설정해 주어야 합니다.

예제: 화면 출력 없이 단일 프레임 저장

```
import processing.pdf.*;
void setup() {
  size(400, 400, PDF, "test.pdf"); // test.pdf 파일을 생성
}
void draw() {
  line(0, 0, width, height); // 화면에 대각선을 긋는다.
  println("Finished.");       // 에디터 아래에 문장을 출력한다.
  exit();                     // 프로그램의 종료
}
```

저장된 파일을 읽어봅시다. 내문서 > Processing > (현재 프로젝트)에서 test.pdf를 열어봅시다. test.pdf 파일을 찾고 더블 클릭하면 됩니다.

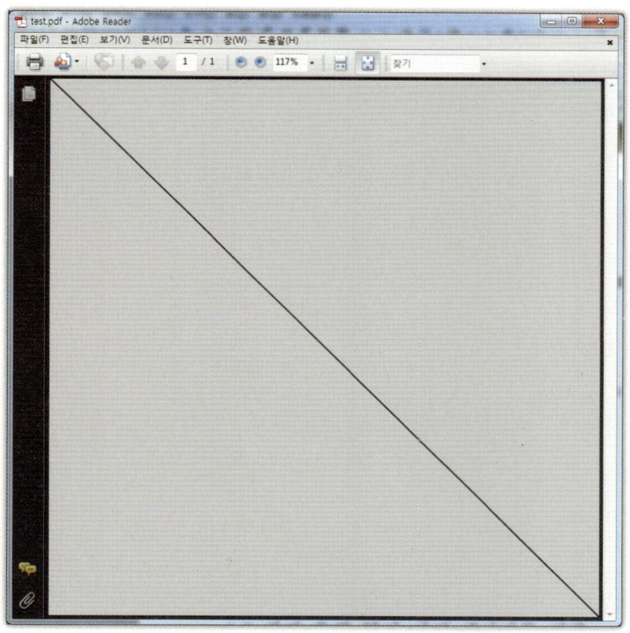

그림 1 PDF 출력 결과

1.2 화면 출력 없이 여러 페이지 저장

PDF 파일에서 각 프레임을 새 페이지로 만들 수 있습니다. 다음은 5프레임을 저장한 예입니다. frameCount는 내장 변수로 프로그램 실행 후 출력된 프레임 수를 나타냅니다. 여기서 여러 장의 PDF를 만들면서 다음 장을 만들도록 할 때 pdf.nextPage(); 를 이용하였습니다.

화면 출력 없이 여러 페이지를 한 장의 PDF 파일에 저장

```
import processing.pdf.*;  // PDF 임포트 하기
void setup() {
  size(320, 240, PDF, "test.pdf");
}
void draw() {
  line(0, 0, frameCount*50, height);
  PGraphicsPDF pdf = (PGraphicsPDF) g;
  pdf.nextPage();
  if (frameCount == 5)  exit();
}
```

스케치 읽기

```
import processing.pdf.*;                          // 임포트 하기
void setup() {
  size(320, 240, PDF, "test.pdf");                // test.pdf를 생성
}
void draw() {
  line(0, 0, frameCount*50, height);              // 대각선 긋기
  PGraphicsPDF pdf = (PGraphicsPDF) g;            // 랜더러 가져오기
  pdf.nextPage();                                 // 다음 페이지로 넘기기
  if (frameCount == 5)  exit();                   // 5장이 되면 종료
}
```

1.3 화면에 출력하면서 PDF 저장하기

화면 출력과 PDF 저장을 함께 실행하려면 beginRecord()와 endRecord() 함수를 사용합니다. 약간 느리지만 실행되는 내용을 보면서 저장할 때 유용합니다.

예제: 화면 출력과 동시에 한 프레임 저장

```
import processing.pdf.*;
void setup() {
  size(320, 240);
  noLoop();
  beginRecord(PDF, "test.pdf");
}
void draw() {
  line(0, 0, width, height);
  endRecord();
}
```

스케치 읽기

```
import processing.pdf.*;              // 임포트 하기
void setup() {
  size(320, 240);
  noLoop();                           // draw()에서 한번만 실행하도록 함
  beginRecord(PDF, "test.pdf");       // PDF 저장 시작
}
void draw() {
  line(0, 0, width, height);          // 대각선 긋기
  endRecord();                        // PDF 저장 완료
}
```

1.4 화면 출력과 애니메이션의 프레임 저장

움직이는 요소들을 프레임으로 저장할 수 있습니다. 마우스를 눌러서 선을 그을 때마다 새로운 프레임에 저장됩니다.

예제: 화면 출력과 동시에 여러 프레임 저장

```
import processing.pdf.*   // 임포트 하기
boolean record;
void setup() {
  size(320, 240);
}
void draw() {
  if (record) {            // 주의 : ####는 4자리의 프레임번호로 바꾸어짐
    beginRecord(PDF, "frame-####.pdf");
  }
  background(255);
  line(mouseX, mouseY, width/2, height/2);
  if (record) {
    endRecord();
    record = false;
  }
}
void mousePressed()     { // 마우스를 누를 때만 저장함
  record = true;
}
```

1.5 화면 출력하면서 여러 프레임을 한 파일로

다음은 스케치하는 모든 것들을 하나의 PDF파일에 기록하는 스케치입니다. 스케치를 끝내려면 'q' 키를 누름으로써 exit()를 호출하여 프로그램이 종료됩니다.

예제: 여러 프레임의 화면을 하나의 PDF 파일에 저장

```
import processing.pdf.*;
void setup() {
  size(320, 240);
  beginRecord(PDF, "test.pdf");
}
void draw() {
  line(mouseX, mouseY, width/2, height/2);
}
void keyPressed() {
  if (key == 'q') { // 'q' 키를 누르면 스케치가 종료됨
    endRecord();
    exit();
  }
}
```

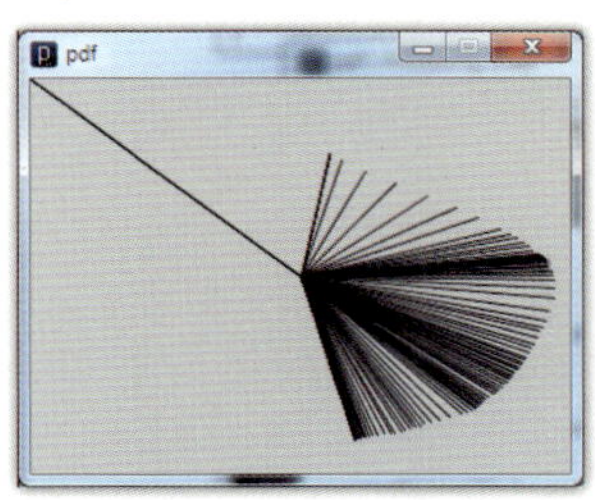

그림 2 여러 프레임을 하나의 PDF 파일로 출력

요약

- PDF로 출력하려면 size(400, 400, PDF, "test.pdf"); 함수를 활용
- 화면에도 출력하고 PDF로 저장할 때는 beginRecord()와 endRecord() 메서드 사용
- beginRecord(PDF, "frame-####.pdf");를 이용하여 여러 프레임을 저장

연습문제

Q1. PDF로 저장하려면 어느 메서드에서 PDF를 설정해 주어야 하는가?

Q2. 여러 장의 PDF를 만들 때 다음 장을 만들도록 하는 메서드는?

Q3. 화면에도 출력하고 PDF로 저장도 하려면 어떤 메서드를 활용하는가?

Q4. 파일을 PDF 형태로 저장하려면 반드시 선언해야 하는 포함문은?

실습 예제

1. PDF 파일에 도형과 그림을 동시에 저장하시오.

연습문제 해답

1. size(); 2. pdf.nextPage(); 3. beginRecord()와 endRecord() 메서드 4. import processing.pdf.*;

SECTION
18 비디오 실행

학습목표 • 프로세싱으로 비디오를 실행할 수 있다.

학습내용 • 화면의 동영상을 여러 프레임으로 저장하는 방법
• 프로세싱으로 비디오 실행하기

프로세싱은 상호 대화하듯이 인터랙티브하게 그래픽을 그릴 뿐만 아니라 다양한 응용이 가능합니다. 화면의 동작을 여러 프레임으로 저장하거나 동영상을 쉽게 제작할 수 있습니다. 비디오를 활용하려면 비디오 라이브러리틀 포함시키는 임포트를 해야 합니다. 프로세싱의 라이브러리는 코드들의 집합으로 프로세싱의 내장 함수나 클래스의 기능 이외의 다른 기능을 구현하기 쉽습니다. 프로세싱은 라이브러리를 통한 확장이 쉽습니다. 라이브러리는 프로세싱의 몸통은 그대로 두고 필요한 부분을 추가하는 방식으로 확장합니다.

1.1 여러 프레임 저장하기

프로세싱은 움직이는 영상을 연속적인 파일로 변환할 수 있습니다. draw() 블록의 마지막 부분에 saveframe(“img-####.tif”) 함수를 추가해야 합니다. 스케치 폴더에 연속되는 프레임이 저장됩니다. 이 예제는 1초 동안 15프레임을 저장하는 예제입니다.

예제: 연속 영상 저장하기

```
float x = 0;
void setup() {
  size(320, 240);
  smooth();
  noFill();
  strokeCap(SQUARE);
  frameRate(15);
}
void draw() {
  int y;
  background(200);
  translate(x, 0);
  for (y = 40; y < 200; y += 40) {
    line(0, y + 80, 160, y);
  }
  if (frameCount <15) {    // 15 프레임까지 만 저장 한다.
    saveFrame("frame/img-####.tif");
  } else {                 // 15 프레임이 넘어가면 종료한다.
    exit();
  }
  x += 10;
}
```

그림 1 저장된 여러 프레임 중에 한 프레임을 출력

현재 폴더의 frame 폴더가 만들어지며 다음과 같은 파일이 저장됩니다.

```
/frame/img-0001
/frame/img-0002
....
/frame/img-0015
```

프로세싱에 내장된 영상 파일 포맷은 png, jpg, tif입니다. tif 파일에 비해 png와 jpg는 압축하는 형식이어서 속도가 약간 늦습니다.

★ 주의: 파일이 많이 생성되므로 실습 후에는 지우세요.

1.2 비디오 실행하기

QuickTime에서 실행되는 동영상을 만들어봅시다. 동영상을 제작하려면 반드시 비디오를 임포트해야 합니다. 임포트하는 방법은 첫 줄에 다음처럼 적거나, import processing.video.*; 또는 메뉴의 Sketch > Import Library를 선택하면 됩니다. 마우스를 좌우로 옮기면 비디오의 위치가 변경이 됩니다. "station.mov" 파일이 data 폴더에 있어야 합니다.

프로세싱 프로그램의 File > Examples > Libraries > Video > Movie > Scratch를 선택하면 됩니다.

예제: 마우스로 비디오 위치 이동하기

```
import processing.video.*;
Movie movie;
void setup() {
  size(640, 480);
  background(0);
  movie = new Movie(this, "station.mov");
  // Pausing the video at the first frame.
  movie.play();
  movie.goToBeginning();
```

```
  movie.pause();
}
void movieEvent(Movie movie) {
  movie.read();
}
void draw() {
  float f = constrain((float)mouseX / width, 0, 1);
  float t = movie.duration() * f;
  if (movie.ready()) {
    movie.play();
    movie.jump(t);
    movie.pause();
  }
  image(movie, 0, 0, width, height);
}
```

요약

- 화면의 내용을 연속 프레임으로 저장한다.
- 동영상을 마우스로 제어할 수 있다.

연습문제

Q1. 여러 장의 영상 프레임을 순번에 따라 png로 저장하는 명령은?

Q2. 비디오를 처리하려면 임포트해야 하는 라이브러리는?

Q3. 화면을 저장하는 명령은?

실습 예제

1. 동영상의 각각의 프레임을 화면에 출력하는 프로그램을 작성하세요.

프로세싱 프로그램의 File>Examples>Libraries>Video>Movie>Farmes

연습문제 해답

1. saveframe("img-####.png") 2. import processing.video.*; 3. save("test.tif);

SECTION
19

PC 카메라

학습목표 • PC 카메라로 영상을 읽어 그 영상을 원하는 사이즈로 출력할 수 있다.

학습내용 • PC 카메라로 영상을 촬영
• 키보드를 누르면 영상을 저장

1.1 PC 카메라로 영상 읽기

먼저 카메라로 영상을 읽기 적합한 환경을 만들어 봅시다. 컴퓨터에 카메라 관리 소프트웨어가 설치되어 있어야 합니다. 디바이스 드라이버라고도 합니다. 그리고 Quicktime for java를 다운받아 설치합니다.

http://www.apple.com/quicktime/download/

또 WindVDIG를 설치해야 합니다.

http://www.eden.net.nz/7/20071008/

이제 카메라 소프트웨어를 설치하고 USB 카메라를 연결합니다. 영상을 캡처하려면 다음과 같이 스케치를 작성합니다.

```
/** 영상캡쳐 **/
import processing.video.*;
Capture cam;
void setup() {
  size(320, 240);
  cam = new Capture(this, 320, 240, Capture.list()[0]);
  cam.start();
}
void draw() {
  if (cam.available() == true) {
    cam.read();
    image(cam, 0, 0);
  }
}
```

스케치 읽기

```
/** 영상캡쳐 **/
import processing.video.*; // 비디오 작업에 적절한 환경 만듦.
Capture cam;                // 비디오 캡쳐를 위한 카메라를 선언.
void setup() {
  size(320, 240);           // 비디오의 크기(실행 창의 크기) 설정.
  cam = new Capture(this, 320, 240, Capture.list()[0]);
                            // 생성자
  cam.start();              // 영상 캡쳐 시작하기
}
void draw() {
  if (cam.available() == true) {
    cam.read();             // 영상 읽어오기
    image(cam, 0, 0);       // cam안에 저장된 영상을 화면에 출력하기
  }
}
```

카메라의 영상을 화면에 출력하려면 시작 첫 줄에 import processing.video.*;을 적거나 메뉴에서 sketch > Import > Library > Video를 선택합니다. 이는 기존에 있는 함수를 사용하는 것과 동일하기 때문에 어떻게 사용하든 상관없지만 편의상 미리 라이브러리를 사용합니다.

new Capture(this, 320, 240, Capture.list()[0]);에서 this는 이 부분으로 캡처하라고 알려줍니다. 320은 캡처할 너비를, 240은 캡처할 높이를 나타냅니다. Capture.list()[0]은 첫 번째 카메라를 프로그램과 연결합니다.

카메라가 두 대 연결된 경우 두 번째 카메라의 영상을 읽으려면 Capture.list()[0] 다음 스케치는 Capture.list()[1]게 바꾸면 됩니다.

요약

- PC 카메라를 위한 Quicktime for java와 WindVDIG 설치하기
- PC 카메라로 영상을 촬영하기
- 촬영된 영상을 저장하기

연습문제

Q1. PC 카메라를 프로세싱에서 활용하려면 설치해야 하는 두 가지 프로그램은?

Q2. 카메라의 영상을 화면에 출력하려면 연결해야 하는 라이브러리는?

Q3. 카메라가 두 대 연결된 경우 두 번째 카메라의 영상을 읽으려면 다음 스케치를 어떻게 바꾸어야 할까?

```
Capture.list()[0]
```

실습 예제

1. 키보드 's'를 누르면 영상이 저장되도록 하자.

연습문제 해답

1. Quicktime for java와 WindVDIG 2. import processing.video.*; 3. Capture.list()[1]

SECTION

20 사운드

학습목표 · Minim라이브러리를 이용하여 mp3파일을 스피커로 소리를 낼 수 있다.

학습내용 · 마이크로 녹음하기
· 소리 파일을 재생하기
· 소리 파형을 화면에 출력하기

곰 플레이어나 다음 팟 플레이어를 이용하여 무료로 영상과 소리를 재생할 수 있습니다. 그러한 영상재생 프로그램을 프로세싱으로 직접 만들어 봅시다. 먼저 사운드에 대해 학습할까요?

1.1 미님 소개

프로세싱의 미님(Minim) 라이브러리는 소리 파일을 재생하거나 마이크로 녹음하고 쉽게 저장할 수 있도록 합니다. 비디오 라이브러리와 마찬가지로 프로세싱의 기본 프로그램에 포함되어 있습니다.

1.2 mp3 파일 읽기

my.mp3 파일을 읽고 화면에 파형을 출력하고 스피커로 소리를 내어 봅시다.

다음의 스케치는 프로세싱에서 제공하고 있는 Minim을 이용한 예제입니다.

Examples > Libraries > minim > LoadFile

```
import ddf.minim.*;
AudioPlayer player;
Minim minim;
void setup(){
  size(512, 200, P2D);
  minim = new Minim(this);
  player = minim.loadFile("my.mp3", 2048);
  player.play();
}
void draw(){
  background(0);
  stroke(255);
  for(int i = 0; i < player.left.size()-1; i++)
  {
    line(i, 50+player.left.get(i)*50, i+1, 50+player.left.
get(i+1)*50);
    line(i,150+player.right.get(i)*50,i+1,150+player.right.
get(i+1)*50);
  }
}
void stop(){
  player.close();
  minim.stop();
  super.stop();
}
```

스케치 읽기

```
import ddf.minim.*;              // 오디오작업에 적절한 환경을 만듦.
AudioPlayer player;              // 오디오 재생을 위한 플레이어를 선언.
Minim minim;                     // minim이란 이름의 미님을 선언.
void setup(){
  size(512, 200, P2D);           // P2D를 적으면 2D로 표현할 수 있음.
  minim = new Minim(this);       // 객체의 생성
  player = minim.loadFile("my.mp3", 2048); // 파일에서 읽어오기
  player.play();                 // 사운드를 재생
}
void draw(){
  background(0);                 // 배경색상을 지정
  stroke(255);                   // 선의 색상을 지정
  for(int i = 0; i < player.left.size()-1; i++)
  {
    line(i, 50+player.left.get(i)*50, i+1, 50+player.left.
         get(i+1)*50);
    line(i,150+player.right.get(i)*50,i+1,150+player.right.
         get(i+1)*50);
  }
}
void stop(){
  player.close();                // 플레이 종료
  minim.stop();                  // 미님 중지
  super.stop();                  // 중단
}
```

1.3 소리 녹음

프로세싱으로 사운드의 필요한 부분을 녹음하고 저장할 수 있습니다. 녹음을 시작하려면 'r'키를 입력합니다. 화면 왼쪽 상단에 '녹음 중...'이 출력됩니다. 녹음을 중단하려면 다시 'r'키를 누릅니다. 화면 왼쪽 상단에 '대기 중...'이 출력됩니다. 녹음된 내용을 저장하려면 's'키를 누릅니다. 녹음이 잘 저장되었는지 확인하기 위해서 스케치 폴더에서 "test.wav"파일을 재생시켜 봅시다.

- 녹음 시작 : r 키를 누름
- 녹음 중단 : 한 번 더 r 키를 누름
- 녹음 저장 : s 키를 누름

아래 경로를 따라 들어가면 녹음 예제로 스케치가 완성되어 있습니다. 이 스케치를 이용하여 실습해 보세요.

Examples > Libraries > minim > RecordLineIn

```
/** 소리저장 **/
import ddf.minim.*;        // 오디오작업에 적절한 환경을 만듦.
Minim minim;               // minim이란 이름의 미님을 선언.
AudioInput in;             // 마이크 입력
AudioRecorder recorder; // 녹음기능이 가능한 recorder를 선언.
void setup(){
  size(512, 200, P2D);
  textMode(SCREEN);
  minim = new Minim(this);
  in = minim.getLineIn(Minim.STEREO, 2048);
  recorder = minim.createRecorder(in, "my.wav", true);
  textFont(createFont("굴림", 12));
}
void draw(){
  background(0);
  stroke(255);   // 화면에 파형그리기
  for(int i = 0; i < in.bufferSize() - 1; i++){
```

```
    line(i,  50+in.left.get(i)*50,  i+1,
    50+in.left.get(i+1)*50);
    line(i, 150+in.right.get(i)*50, i+1,
    150+in.right.get(i+1)*50);
  }
  if ( recorder.isRecording() ){ // 녹음중
    text("Currently recording...", 5, 15);
  }
  else{ // 대기중
    text("Not recording.", 5, 15);
  }
}
void keyReleased(){
  if ( key == 'r' ){ // 녹음중지
    if ( recorder.isRecording() ){
      recorder.endRecord();
    }
    else { // 녹음시작
      recorder.beginRecord();
    }
  }
  if ( key == 's' ) { // 저장하기
    recorder.save();
    println("Done saving.");
  }
}
void stop(){
  in.close();
  minim.stop();
  super.stop();
}
```

요약

- 소리를 녹음할 수 있다.
- 음성처리 라이브러리 minim을 활용한다.

연습문제

Q1. 컴퓨터로 소리를 입력하거나 출력하는 처리를 할 때 필요한 하드웨어 장치는?

Q2. 프로세싱에서 소리를 처리할 때 포함하는 라이브러리는?

Q3. 소리를 컴퓨터에 저장할 때 필요한 미님 라이브러리를 임포트하는 명령은?

실습 예제

1. 마우스의 x 좌표의 크기에 따라 소리의 크기를 조절해 보세요.

   네이버의 "재미삼아 프로세싱" 카페 참조

2. 컴퓨터에 연결된 마이크로 녹음을 하는 프로세싱 코드를 작성하세요.

   네이버의 "재미삼아 프로세싱" 카페 참조

연습문제 해답

1. 마이크, 스피커 2. 미님 3. import ddf.minim.*;

SECTION
21
실행 프로그램 만들기

학습목표 • 프로세싱 프로그램을 실행 프로그램으로 만들 수 있다.

학습내용 • USB에 복사하여 다른 컴퓨터에 복사하여 실행할 수 있는 실행 프로그램에 대한 이해
• 실행 프로그램인 애플리케이션 제작하기

내가 작성한 프로세싱 프로그램이나 게임 프로그램은 어느 컴퓨터에서나 복사하여 실행할 수 있는 단독 응용 애플리케이션으로 만들 수도 있습니다. 이렇게 만드는 것을 애플리케이션을 제작한다고 하며, 이 경우 프로그램의 확장자가 .exe가 됩니다.

애플리케이션으로 보내기 과정들은 너무 너무 쉽고 간단합니다. [File] 메뉴에서 [Export Application] 메뉴를 누르면 완료가 됩니다.

[File > Export Application (Ctrl + Shift + E)]

1.1 응용프로그램 만들기(애플리케이션 제작)

독립적으로 실행 가능한 애플리케이션 프로그램을 [애플리케이션 내보내기]를 통해 쉽게 만들 수 있습니다. 파일 [File] 메뉴에서 [Export Application (Ctrl + Shift + E)]를 선택하면 실행파일 (.exe)이 생성됩니다.

[File > Export Application (Ctrl + Shift + E)]

디렉터리를 열어보면 내보내기 된 파일을 볼 수 있습니다. 주의해야 할 점은 이전에 들어 있던 "application.xxxx" 내용을 덮어 쓰기를 합니다. xxxx는 OS에 따라 이름이 다릅니다. 윈도우의 경우 application.windows가 됩니다.

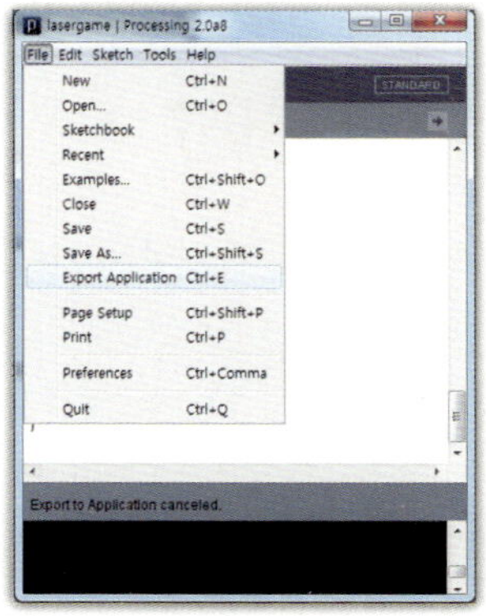

그림 1 **응용 만들기**

내보내기로는 OS에 따라 리눅스, 매킨토시와 윈도우 플랫폼의 애플리케이션을 만들 수 있습니다. [File] 메뉴의 ["Export Application"]을 선택하면 다이얼로 그 박스가 나옵니다. 어떤 플랫폼으로 내보내기 할 지 선택합니다. 또한 화면에 가득 차게 실행할지도 선택이 가능합니다. 풀 스크린 Full Screen(Present Mode) 앞에 ☑하면 됩니다.

그림 2 **윈도우의 선택**

[Export]를 선택하면 다음처럼 폴더가 열립니다. 선택된 OS에 따라 각각의 폴더가 생성이 됩니다. Windows를 선택한 경우 application.windows 폴더를 더블 클릭해서 안으로 들어가 봅시다.

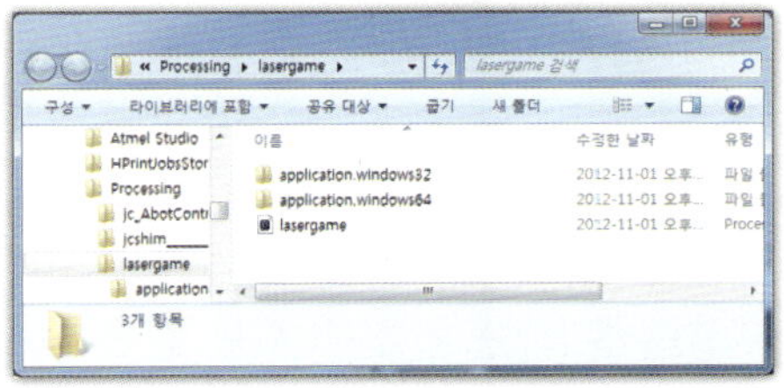

그림 3 응용이 저장되는 폴더위치

이 폴더에는 응용 실행 프로그램(.exe), 소스 스케치(\source)와 필요한 라이브러리(\lib)들이 있습니다.

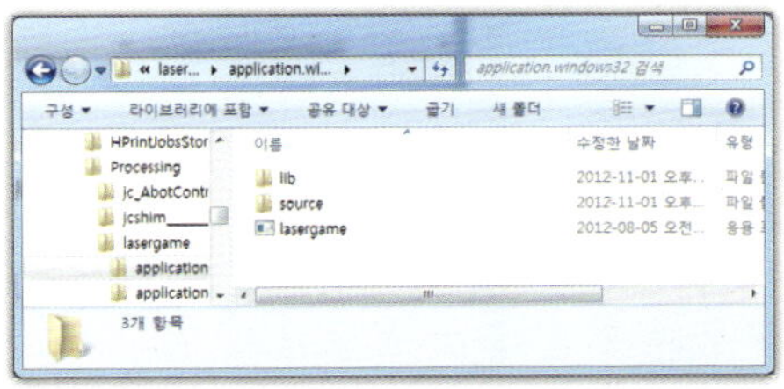

그림 4 실행 파일

확장자가 .exe인 실행파일을 더블 클릭하면 애플리케이션이 실행됩니다.

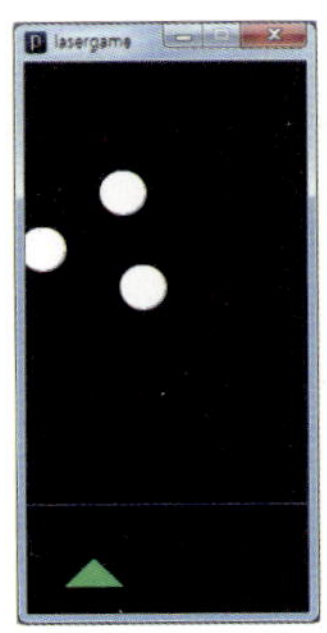

그림 5 응용의 실행 예

참고할 만한 영어로 된 좋은 사이트를 추천합니다.

http://wiki.processing.org/w/Export_Info_and_Tips#Applet_Export

요약

- 윈도우 실행 프로그램 만들기
- 윈도우 실행 프로그램은 복사하여 어느 컴퓨터에서나 실행할 수 있다.

연습문제

Q1. 작성한 스케치를 내 컴퓨터에서 혼자 활용할 수 있는 실행 파일로 만드는 것을 무엇이라 합니까?

실습 예제

1. 마우스를 펜처럼 활용할 수 있도록 스케치를 작성하고, 응용 프로그램이 독립적으로 실행 될 수 있도록 응용을 작성하세요.

네이버 "재미삼아 프로세싱" 카페

2. 마우스를 클릭하면 원을 그리는 스케치를 애플리케이션으로 만드세요.

네이버 "재미삼아 프로세싱" 카페

연습문제 해답

1. 애플리케이션 만들기

SECTION

22 인터넷에 올리기

학습목표 · 프로세싱 프로그램을 인터넷에 올려서 웹 브로우저에서 실행할 수 있다.

학습내용 · 스케치를 인터넷에 올리기
· 인터넷 익스플로러와 같은 웹 브로우저에서 실행

웹사이트에 내가 작성한 스케치를 올려서 전 세계의 모든 사람들이 이용할 수 있도록 웹 브라우저에서 실행되는 애플릿으로 만들 수 있다. 애플릿으로 보내기 과정들은 너무 너무 쉽고 간단하다. [File] 메뉴에서 해당 메뉴를 누르기만 하면 완료가 된다.

[File > Export Applet (Ctrl+E)]

1.1 인터넷에 올리기(웹으로 출판, 애플릿 만들기)

애플릿으로 보내기를 통해서 익스플로러와 같은 웹에서 스케치를 실행할 수 있고 웹에 출판을 할 수 있습니다. [File] 메뉴의 [Exports Applet]은 HTML 파일에 소스 코드의 링크를 연결하여 자바 애플릿으로 내보내기를 합니다. 내보내기를 마치면 ₩applet 디렉터리에 몇 개의 파일이 생성됩니다. 주의해야 할 점은 새로 Export를 하면 이전에 저장되었던 ₩applet 폴더의 내용에 덮어 쓰게 됩니다. 내보내기는 스케치 코드를 자바 코드로 변환하고 자바 애플릿으로 컴파일됩니다.

스케치 파일을 다음처럼 만들고, [File > Export Applet (Ctrl+E)] 선택합니다.

```
ellipse(50,50,80,80);
```

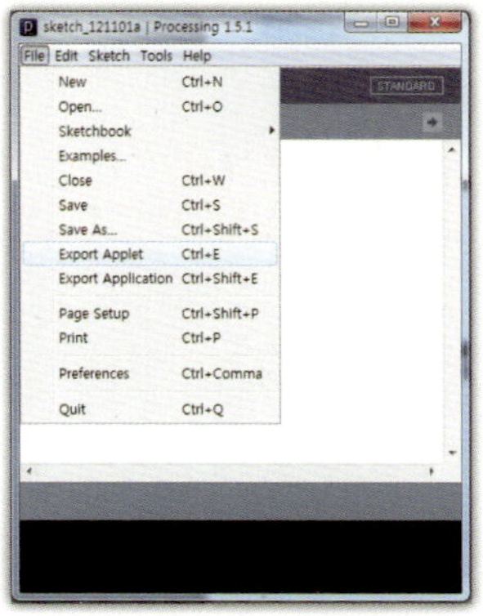

그림 1 애플릿으로 보내기

폴더에 생성되는 파일은 그림과 같고, 각각 파일에 대한 설명은 다음과 같습니다.

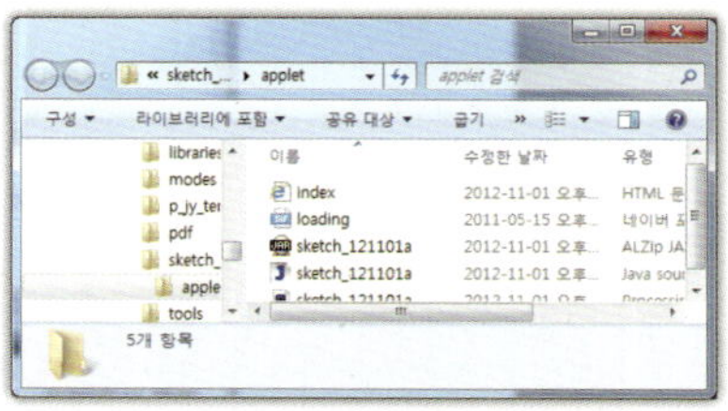

그림 2 애플릿 저장 폴더

index.html 파일을 더블 클릭하면 브라우저에서 스케치가 실행됩니다.

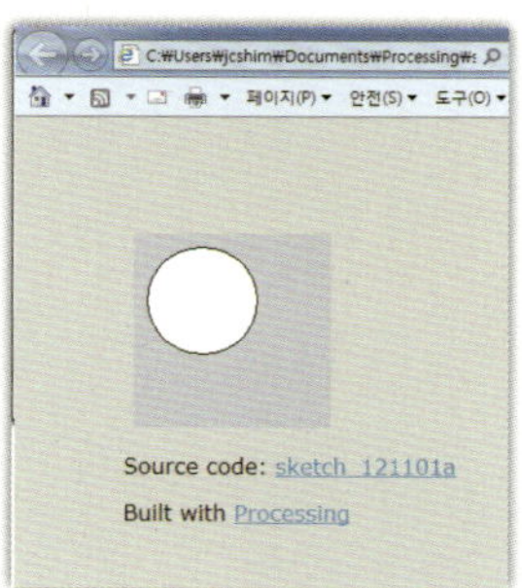

그림 3 웹 브라우저에서 실행된 결과

스케치 폴더의 모든 파일은 스케치와 동일한 이름으로 하나의 JAR 파일로 만들어집니다. 예로 스케치 이름이 "Sketch_123"인 경우 "Sketch_123.jar"이 됩니다.

요약

- 실행 응용 만들기
- 애플릿으로 출력하기
- 애플릿 출력에서 오류가 발생할 때 해결 방법

연습문제

Q1. 서버 컴퓨터에 프로그램을 올려서 인터넷에서 게임을 즐길 수 있도록 하는 출판을 무엇이라 하는가?

Q2. 애플릿은 어디에 올려야 실행이 가능할까?

실습 예제

1. 마우스 버튼을 클릭하면 타원을 그리는 스케치를 작성하고, 인터넷에서 누구나 활용할 수 있도록 웹에 출판하세요.

네이버 "재미삼아 프로세싱" 카페

연습문제 해답

1. 애플릿 만들기 2. 인터넷 접속이 가능한 서버 컴퓨터

SECTION

23 스마트폰 프로그래밍

학습목표 • 자신의 스마트폰 화면에 터치하면 푸른색의 원이 그려진다.

학습내용
• 스마트폰 프로그래밍
• 아이폰 프로그래밍("재미삼아 프로세싱" 카페)
• 애뮬레이션의 이해

1.1 안드로이드 프로그래밍 소개

스마트폰이 없는 경우 컴퓨터 화면에 스마트폰과 똑같은 모양을 만들고 미리 테스트해 보는 것을 애뮬레이션이라고 합니다. 스마트폰이 없는 경우 애뮬레이션을 해 볼 수 있습니다.

스마트폰에 프로그래밍을 하려면 PC와 스마트폰을 연결할 USB 케이블이 필요합니다. 새로 추가해야 하는 소프트웨어는 안드로이드 SDK(System Development Kit)와 자바 JDK(Java Development Kit)입니다. 이 두 프로그램은 웹에서 무료로 다운로드할 수 있는 프로그램입니다.

필요한 소프트웨어	
Processing	http://processing.org
Android SDK	http://developer.android.com/index.html
JDK, Java development kit	http://www.oracle.com/technetwork/java/javase/downloads/index.html

★ 주의: 프로세싱, 안드로이드 SDK, 자바 JDK 소프트웨어의 버전이 자주 변하므로 버전이 변경된 경우 http://cafe.naver.com/processingcafe 에서 최근 버전 다운로드 방법을 참고하세요.

지금부터 관련 프로그램을 설치해 봅시다. 프로세싱 프로그램을 먼저 실행하고 툴바의 오른쪽 끝에 있는 [STANDARD]를 [Android]로 바꾸면 설치가 시작됩니다.

★ 주의: 프로세싱 버전에 따라 왼쪽 끝에 있는 메뉴가 조금은 다를 수 있습니다.

이 과정은 시간은 좀 걸리지만 매우 간단합니다. 안드로이드 프로그램에 경험있는 경우 다음 요약만 보고도 모든 과정을 스스로 할 수 있습니다.

- PC에 핸드폰 디바이스 드라이버 설치
- PC와 USB로 스마트폰 하드웨어 연결

- Processing의 설치 및 실행, 툴바의 오른쪽 끝에 [Android] 선택
- Android SDK 설치
- JDK 설치

- 게임 작성하기

- 컴퓨터에서 에뮬레이션 하기 또는
- 스마트폰에 업로드 하기

프로세싱으로 작성된 게임은 안드로이드 OS 기반의 스마트폰에 바로 업로드할 수 있습니다. 컴퓨터에서의 프로세싱 스케치를 변경하지 않아도 대부분 실행이 됩니다.

프로세싱을 설치하고, 안드로이드 SDK와 JDK를 설치하면 프로세싱에서 작성한 코드가 스마트폰에서 바로 실행됩니다. 너무 쉽고 신기하죠?

1.2 설치 과정의 요약

- PC에 핸드폰에 맞는 디바이스 드라이버의 설치 (삼성 갤럭시의 경우 Keis, 삼성전자 사이트에서 제공)
- 프로세싱의 설치 및 실행-오른쪽 탭에서 "Android" 선택
- Android SDK 설치
  - 설치 도중 JDK 설치를 요구함
- JDK 다운로드 및 설치완료
- 이전에 중단된 Android SDK 설치 화면에서 [뒤로 가기(Back)]선택
- Android SDK 설치를 완료
- 프로세싱 스케치의 작성
- 스케치를 스마트폰에 업로드하기

먼저 프로세싱을 설치하고(http://processing.org) 실행합니다. 프로세싱 통합 환경에서 툴바의 오른쪽에 있는 표준(STANDARD) 모드를 안드로이드(Android) 모드로

변경하면 Android SDK 설치를 요청합니다. 화면의 설명을 따라 Android SDK설치를 실행하면, JDK 설치를 요청합니다. JDK 설치를 마친 후, 멈추었던 Android SDK 설치 화면에 되돌아오면, 이전[Back]을 선택하고, Android SDK의 나머지 과정을 진행합니다. 시간은 좀 걸리지만 매우 쉽습니다. 삼성 갤럭시의 경우 Keis를 다운로드하여 설치해야 합니다. 삼성 사이트 http://www.samsung.com/sec/에 접속하고 [휴대폰]에서 내게 맞는 프로그램을 다운로드하여 설치합니다.

스마트폰의 사진, 비디오, 음악 파일 등을 PC로 전송하는 프로그램을 이미 다운로드한 경우는 소프트웨어가 설치된 것입니다. 스마트폰의 소프트웨어 설치는 여기서는 생략하겠습니다. Android SDK 설치와 JDK의 설치 및 설정 과정은 네이버의 "재미삼아 프로세싱" 카페를 참고하세요.

1.3 프로세싱의 스마트폰 에뮬레이션

그림 1 실행된 에뮬레이터 창

예제: 타원 그리기 스케치 작성하기

```
fill(255,0,0);
ellipse(200,200,100,100);
```

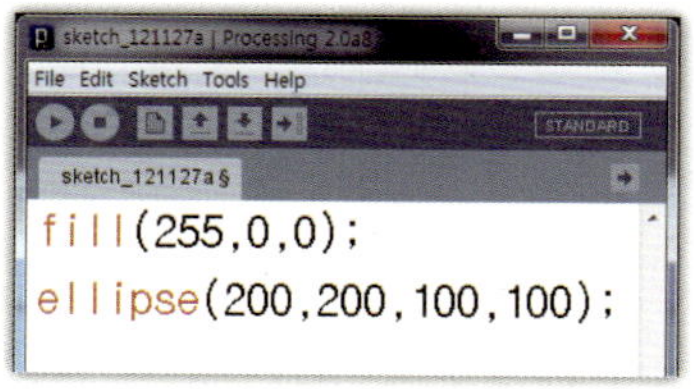

그림 2 프로세싱 스케치

[Sketch > Run in Emulator] 선택

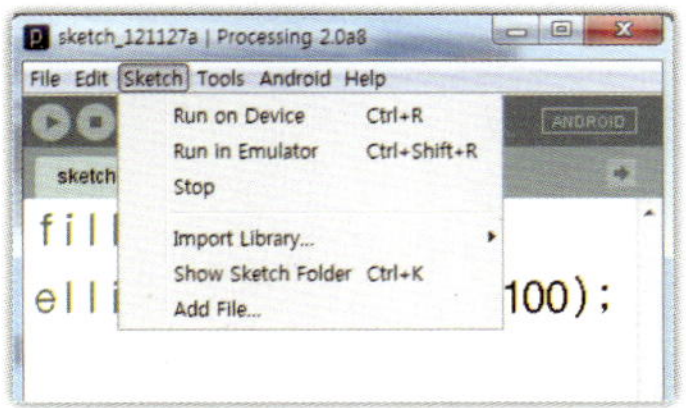

그림 3 에뮬레이터에서 실행하기

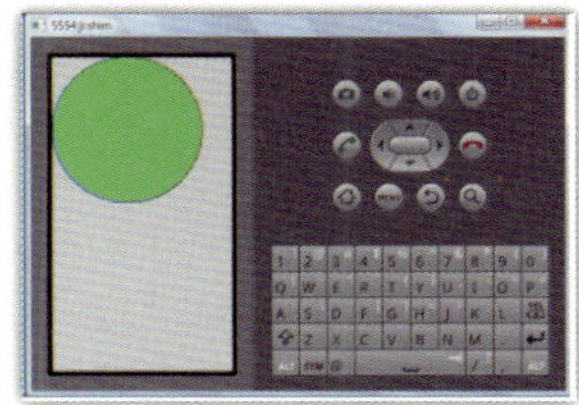

그림 4 에뮬레이터의 출력 결과

1.4 스마트폰에서 실행하기

핸드폰에 적합한 디바이스 드라이버를 설치합니다. (삼성의 경우 Kies를 삼성전자 홈페이지에서 다운받고 설치한다) 스마트폰을 USB에 연결합니다.

- 반드시 스마트폰의 USB디버깅을 활성화
- 스마트폰에서 [메인메뉴 > 환경설정 > 응용프로그램 > 개발 > USB 디버깅]

예제: 스케치의 작성

```
fill(255,0,0);
ellipse(200,200,100,100);
```

스마트폰에서 실행

[Sketch > Run on Device] 선택

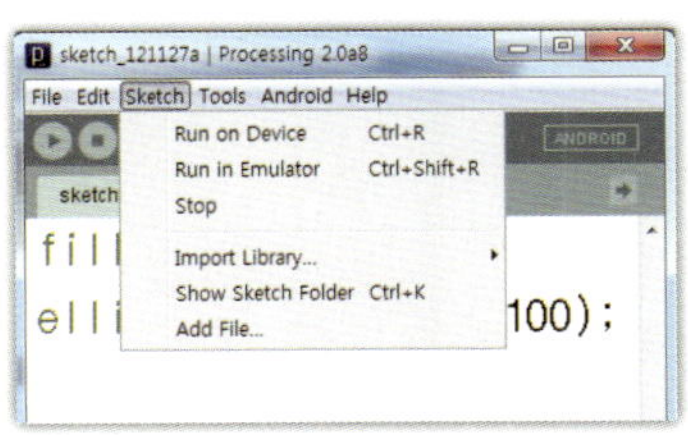

그림 5 Run on Device를 이용한 스마트폰에서 실행하기

요약

- 스마트폰에서 작동되는 프로세싱
- 스마트폰에서 에뮬레이션
- 스마트폰 기기에서 실행하기

연습문제

Q1. 프로세싱을 스마트폰용으로 프로그램하려면 설치해야 하는 두 가지 개발 키트는?

Q2. 스마트폰 기기 대신 컴퓨터 화면으로 출력하는 것을 무엇이라고 하는가?

실습 예제

1. 하늘에서 공이 내려오면 마우스로 버튼을 누르면 레이저가 발사되어 공을 터트리는 스케치를 작성하세요.

네이버 "재미삼아 프로세싱" 카페

추천도서: "프로세싱 게임" 임양원, 고주영, 심재창 저

연습문제 해답

1. Android SDK, JDK 2. 에뮬레이션

PART

03

프로세싱 요리하기

SECTION 01

레이저로 공을 터뜨리는 게임 만들기

학습목표 • 레이저로 공 터뜨리기 게임을 내 스스로 만들 수 있다.

학습내용
- 따라하면 게임이 완성 됨.
- 움직이는 동영상 만들기
- 함수 및 클래스의 적용 실습
- 입력 도구인 마우스와 키보드 활용
- 레이저로 공 맞추기 게임의 제작

이 장을 학습하면 나만의 게임이 제작됩니다. 프로그래밍을 그냥 바라보고만 있지 말고 직접 작성하면서 즐겨야겠죠? 우리가 만들 풍선 터뜨리기 게임은 하늘에서 내려오는 공을 레이저로 맞추는 게임입니다. 세 개의 공이 내려옵니다. 아래에 있는 레이저 발사기에서 레이저를 쏘아 공을 터트립니다.

마우스 왼 버튼을 클릭하면 레이저가 발사됩니다. 레이저로 공을 맞추면 공은 터집니다. 공이 제일 아래 부분에 도달하면 게임은 끝이 납니다.

공 터뜨리기 게임의 작동 과정 설명

- 화면의 위쪽에서 세 개의 공이 내려온다.
- 마우스 왼쪽 버튼을 누르면 레이저가 발사된다.
- 레이저가 공의 지름을 통과하는지 검사한다.
- 레이저를 맞은 공은 터진다.
- 새 공을 첫 줄에서 다시 내려보낸다.
- 공이 가장 아래 부분에 도착한지 검사한다.
- 제일 아래에 도착하면 게임을 종료한다.
- 키보드를 누르면 게임을 다시 시작한다.

이 게임을 통한 단계별 학습내용

- 원, 삼각형, 선 등의 도형 그리기, 도형에 색상 채우기
- 공이 위에서 아래로 내려오는 동영상 만들기
- 랜덤 함수를 이용한 임의의 좌표 만들기
- 함수 만들기와 활용, 객체와 객체 배열 만들기
- 수학 계산을 이용하여 레이저가 공을 통과하는지 계산하기
- Y 좌표를 확인하여 공이 창의 가장 아래에 도달하였는지 확인하기
- 마우스의 활용, 키보드의 활용

게임의 확장

이 게임은 다음과 같이 여러 가지로 확장될 수 있습니다. 여기서는 설명하지 않지만 네이버 카페 중에 "재미삼아 프로세싱"을 통해 함께 만들어갈 예정입니다.

- 레이저 발사된 회수와 정확히 맞은 수를 화면에 나타내기
- 공의 색상, 크기 조절하기
- 공 대신 별이나 비행기 등의 다른 객체 모양 만들기
- 게임의 난이도 조절하기
  - 공의 크기를 임의로 만들기
  - 공이 내려오는 속도를 조절하기
- 결과를 저장하고 관리하기
  - 게임 결과를 저장하고 불러 오기
  - 다른 사람의 결과와 나의 실력 비교하기
- 핸드폰의 멀티 터치를 이용한 여러 개의 레이저 발사기 구현하기
- 사운드와 결합하기
- 게임 배경 추가하기
- 3D로 게임 확장하기
- 네트워크에 연결하여 팀으로 게임하기

1.1 마우스 이동 경로에 원 그리기

앞에서 학습한 도형과 변수 활용방법을 연습해 봅시다.

1 마우스 위치에 원 그리기

마우스의 이동 위치는 mouseX와 mouseY 변수에 자동 기록됩니다. 마우스의 이동 경로에 따라 25픽셀의 타원을 그립니다.

```
void setup(){
  size(200, 400); // 창의 크기
}
void draw(){
  ellipse(mouseX, mouseY, 25, 25);
}
```

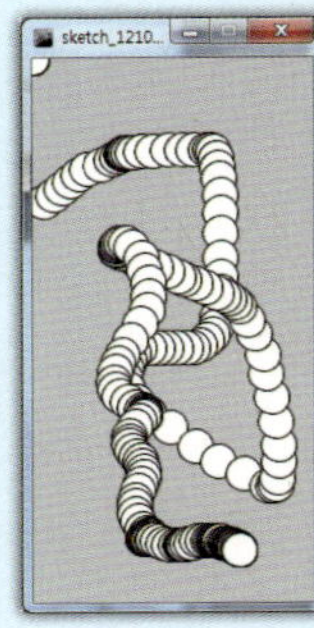

size(200, 400); 다음 줄에 noStroke();을 넣고 다시 실행하면 어떻게 될까요?

관찰결과를 적어 보세요:

공의 테두리가 보이지 않지요? 공의 크기를 25 대신 변수로 바꾸어 봅시다. 변수는 변경할 수 있는 값을 담는 메모리 공간입니다. 공의 크기를 int ballSize; 변수에 넣어 봅시다.

```
int ballSize = 25; // 공의 크기로 25를 초기값으로 정함
void setup(){
  size(200, 400);
}
void draw(){
  ellipse(mouseX, mouseY, ballSize, ballSize);
}
```

2 마우스 위치에 삼각형 그리기

삼각형은 triangle() 함수로 그리며, ( )속의 매개 변수는 세 좌표 지점으로 6개의 정수 값을 가집니다. 삼각형의 크기는 변수 int triSize=20;에서 정합니다. 여기에 삼각형 높이는 화면의 픽셀수로 20, 밑면은 마우스의 위치에서 −20에서 +20이므로 40 픽셀입니다. 픽셀은 화면에서 한 점을 말합니다. 화면 전체는 다양하지만 보통 1280×1024 크기 정도 이상 입니다.

```
int triSize=20;
void setup(){
  size(200, 400);
}
void draw(){
  triangle(mouseX-triSize, mouseY,
           mouseX+triSize, mouseY,
           mouseX, mouseY-triSize);
}
```

1.2 이전 화면 흔적을 지우기

1 검은색 배경에 마우스 위치에 삼각형 하나만 스케치하기

이전까지는 마우스를 이동하면 그 위치마다 이동하는 흔적이 있는 원이 만들어졌습니다. 흔적은 draw() 함수의 첫 줄에 background(0) 함수를 넣으면 새 프레임마다 배경을 검게 바꾸어 흔적이 없어집니다.

```
int triSize=20;
void setup(){
  size(200, 400);
}
void draw(){
  background(0);
  triangle(mouseX-triSize, mouseY,
           mouseX+triSize, mouseY,
           mouseX, mouseY-triSize);
}
```

1.3 함수 만들기

1 triLaser() 함수 만들기

함수는 서로 관련된 코드를 하나의 덩어리로 묶어 주어 프로그램을 구조화해 줍니다. 삼각형 부분을 triLaser()를 함수로 만들어 봅시다. 이 함수는 삼각형을 그리는 블록입니다. 함수를 이용하면 프로그램을 쉽게 이해할 수 있고, 수정하기도 쉽습니다.

2 초록색의 삼각형 만들기

삼각형의 내부를 초록색으로 채우려면 fill() 함수를 이용합니다. fill(0)인 경우 검은색, fill(255)인 경우 흰색이 됩니다. 컬러는 fill(r, g, b)로 표현하며, 초록색은 fill(0, 255, 0);입니다. stroke() 함수는 테두리의 색상을 정의해 줍니다.

```
void triLaser(){
  fill(0, 255, 0);
  stroke(0, 255, 0);
  triangle(mouseX-triSize, mouseY,
           mouseX+triSize, mouseY,
           mouseX, mouseY-triSize);
}
```

1.4 마우스의 응답

1 삼각형에서 레이저 선 나오기

선은 line() 함수로 긋습니다. 선의 색은 stroke() 함수를 이용하세요.

```
int triSize=20;
void setup(){
  size(200, 400);
}
void draw(){
  background(0);
  triLaser();
}
void triLaser(){
  fill(0, 255, 0);
  stroke(0, 255, 0);
  triangle(mouseX-triSize, mouseY,
           mouseX+triSize, mouseY,
           mouseX, mouseY-triSize);
  stroke(255, 0, 0);
  line(mouseX, mouseY-triSize, mouseX, 0);
}
```

2 마우스를 누를 때만 Laser 선이 나오도록 합시다.

마우스 버튼을 누르면 mousePressed() 함수가 실행됩니다. 마우스 누르는 것을 확인하기 위해 눌러졌는가?를 판단하기 위해 참과 거짓 상태를 나타내는 불리언 변수 boolean shoot;를 선언하고, 마우스가 눌러지면 mousePressed()에서 참의 값인 true로 변경하고, draw() 함수에서 shoot 변수가 true이면 레이저 선을 나오게 하고, 거짓인 false인 경우 레이저가 나오지 않도록 하세요.

> **참고**
> 불리언 변수는 참과 거짓 두 개의 상태를 저장한다. 참은 true로 표현되며 값은 1이 되고, 거짓은 false로 표현되고 값이 0이다.

마우스가 눌러지면 호출되는 mousePressed()에 shoot=true;로 설정합니다. draw()에서 if(shout==true)일 경우 붉은 선을 그은 후에 shoot=false로 합니다.

```
int triSize=20;
boolean shoot=false;
void setup(){
  size(200, 400);
}
void draw(){
  background(0);
  triLaser();
  if(shoot==true){
    stroke(255,0,0);
    line(mouseX, mouseY-triSize, mouseX, 0);
    shoot=false; // 그린 후에는 상태를 바꿈
  }
}
void triLaser(){
  fill(0, 255, 0);
  stroke(0, 255, 0);
  triangle(mouseX-triSize, mouseY,
           mouseX+triSize, mouseY,
           mouseX, mouseY-triSize);
}
void mousePressed(){
  shoot = true; // 마우스를 누르면 참이 됨. draw() 함수에서 레이저 발사
}
```

1.5 동영상의 표현

지금부터는 공이 화면 위에서 내려오는 스케치를 단계별로 작성해 봅시다.

1 공을 화면에 표시

```
ellipse(50,50,30,30);
```

2 공이 위에서 내려 옴

draw() 함수는 1초에 여러 차례 화면을 다시 그려 줍니다. 계속 반복해서 draw(){ } 속에 있는 프로그램을 실행합니다. 배경을 검게 하고, 공이 위에서 아래로 내려오도록 만들려면, background(0);을 draw() 함수에 넣습니다. 공을 위에서 아래로 한 픽셀씩 이동시키면, 공이 내려오는 것처럼 됩니다. 높이 방향으로 공의 이동은 변수 posY를 이용합니다. posY++로 인해서 매 번 화면이 바뀔 때 마다 값이 하나씩 커지므로 점차 아래로 내려옵니다.

```
int posY=0;
void draw(){
  background(0);
  ellipse(50, posY++, 30, 30);
}
```

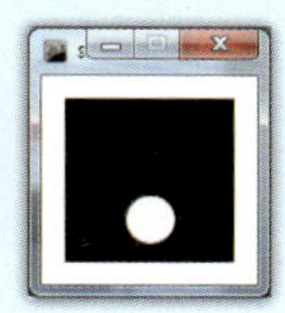

3 아래로 사라지면 위에서 다시 내려오는 공

위에서 아래로 내려오는 posY의 값이 화면의 높이 값인 height 보다 크면 화면의 공이 화면에서 사라집니다. 이 경우 위에서부터 다시 나오게 합시다. % 연산자는 어떤 값으로 나눌 때 나머지 값을 계산해 줍니다. 5%3은 5를 3으로 나누면 나머지 값이 2이므로 2가 됩니다. posY % height 는 posY가 height=100이 넘는 101인 경우 101%100=1이 됩니다. 이것은 101을 100으로 나누면 나머지 값이 1이기 때문입니다.

```
int posY=0;
void draw(){
  background(0);
  ellipse(50,posY++,30,30);
  posY = posY % height; // 아래로 사라지면 처음부터 시작
}
```

공이 화면 아래로 지나간 것을 판단하는 또 다른 방법은 if() 문을 활용합니다. 높이보다 크면 다시 초기화를 할 수 있습니다. if(posY>height) posY=0;

1.6 잔상 만들기

1 공의 꼬리 만들기

움직이는 공의 꼬리에 별똥별처럼 흔적을 남기려면 fill() 함수에서 투명도를 변경시킵니다. fill(0);은 잔상 꼬리가 없고, fill(0, 10);은 두 번째 변수에 투명도를 주어 꼬리가 나타납니다. 꼬리를 더 길게 하기 위해서는 두 번째 변수를 10보다 더 작은 값으로 바꾸면 됩니다. 이때 반드시 원의 외곽선을 noStroke() 함수로 없애야 합니다.

```
int posY=0;
void setup(){
  noStroke();
}
void draw(){
  fill(0, 10);
  rect(0,0,width,height);
  fill(255);
  ellipse(50, posY++, 20,20);
  if(posY>height) posY=0;
}
```

1.7 랜덤 값 만들기

1 랜덤 값 만들기

랜덤 값은 아무 숫자나 그때 그때 바뀌는 값을 말합니다. random() 함수를 이용합니다. random(100);은 0에서 100사이의 랜덤 값을 만듭니다. f는 화면이 바뀔 때마다 0에서 100사이의 아무 값이나 임의의 랜덤 한 값이 출력합니다.

```
void draw(){
  float f = random(100);
  println(f);
}
```

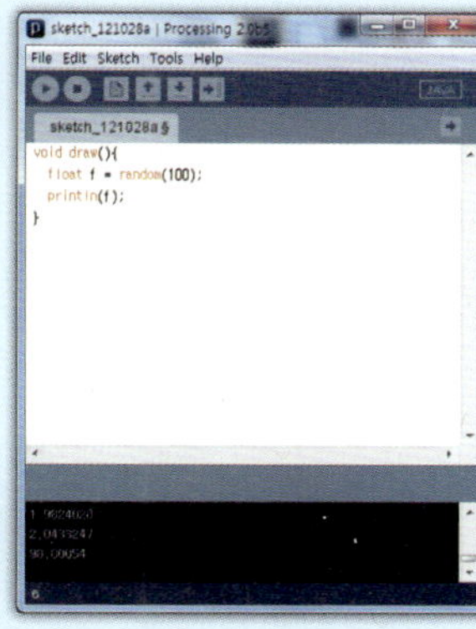

2 랜덤 값 정수로 만들기

랜덤 값은 소수점이 있는데, 이를 정수 변환기인 int( )로 감싸면 정수로 변환됩니다. 이와 같이 변수의 형을 바꾸는 것을 형 변환이라고 합니다.

```
void draw(){
  int i;
  float f = random(width);
  i = int(f);
  println(i);
}
```

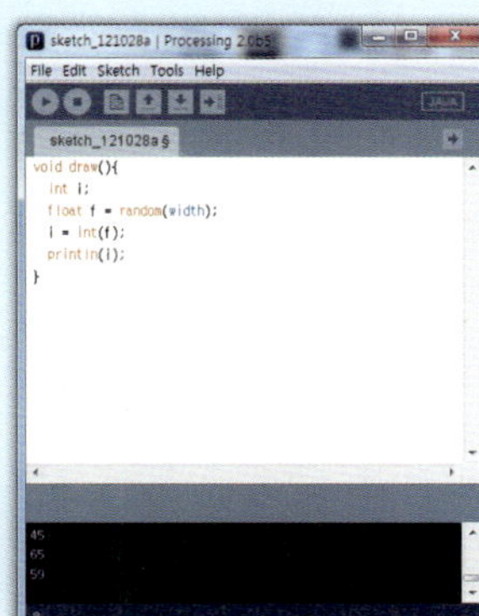

3 첫 줄의 X 위치를 임의의 지점에서 출발하기

이전 프로그램은 공이 화면의 정 중간에서 내려오는데, 임의의 지점에서 내려오도록 random() 함수를 이용해 봅시다.

```
int posX, posY;
void setup(){
  noStroke();
  posY = 0;
  posX = int(random(width));
}
void draw(){
  fill(0, 10);
  rect(0,0,width,height);
  fill(255);
  ellipse(posX, posY++, 20,20);
  if(posY>height){
     posY=0;
     posX= int(random(width));
  }
}
```

random(width);에서 width는 화면의 폭을 나타내므로 0에서 화면폭 크기의 임의의 수를 생성해 줍니다.

지금부터는 내려오는 공을 레이저로 터뜨리는 응용 프로그램을 프로젝트에 적용해 봅시다. 단계별로 공이 내려오고, 레이저를 발사하여 터뜨리기 위해 객체를 만들고, 세 개의 공이 내려오도록 합니다.

1.8 공의 시작 위치를 자동으로 설정하기

1 레이저 게임에서 공이 위에서 내려 옴

공이 제일 윗줄에서 내려오는데, 출발 위치를 임의로 정하려면 random() 함수를 이용합니다. random(width);는 0에서 width 사이의 임의의 값을 만들어 줍니다. random(width)를 int( )로 감싸면 소수 값을 정수로 값을 변경합니다.

```
int triSize=20;
boolean shoot=false;
int posX, posY;
int ballSize=32;
void setup(){
  size(200, 400);
  initGame();
}
void initGame(){
  posY=0;
  posX=int(random(width));
}
void draw(){
  background(0);
  ballDropper();
  triLaser();
  if(shoot==true){
    stroke(255,0,0);
    line(mouseX, mouseY-triSize, mouseX, 0);
    shoot=false;
  }
}
void triLaser(){
  fill(0, 255, 0);
  stroke(0, 255, 0);
  triangle(mouseX-triSize, mouseY,
```

```
          mouseX+triSize, mouseY,
          mouseX, mouseY-triSize);
}
void mousePressed(){
  shoot = true;
}
void ballDropper(){
  stroke(255);
  fill(255);
  ellipse(posX, posY++, ballSize, ballSize);
}
```

1.9 게임의 종료

게임의 종료는 gameEndchk() 함수를 만들고, 여기서 처리하도록 합시다.

```
int triSize=20;
boolean shoot=false;
int posX, posY;
int ballSize=32;
void setup(){
  size(200, 400);
  initGame();
}
void initGame(){
  posY=0;
  posX=int(random(width));
}
void draw(){
  background(0);
  ballDropper();
  triLaser();
```

```
  if(shoot==true){
    stroke(255,0,0);
    line(mouseX, mouseY-triSize, mouseX, 0);
    shoot=false;
  }
  gameEndChk();
}
void triLaser(){
  fill(0, 255, 0);
  stroke(0, 255, 0);
  triangle(mouseX-triSize, mouseY,
           mouseX+triSize, mouseY,
           mouseX, mouseY-triSize);
}
void mousePressed(){
  shoot = true;
}
void ballDropper(){
  stroke(255);
  fill(255);
  ellipse(posX, posY++, ballSize, ballSize);
}
void gameEndChk() {
  if (posY==height) {
    fill(255, 0, 0);
    noLoop();
  }
}
```

1 공이 바닥에 닿으면 게임 종료

공이 화면의 바닥에 도달하면 게임 종료되도록 gameEndChk() 함수를 작성해 봅시다. posY가 화면 제일 바닥인 height보다 값이 더 큰 지 확인하고, 이보다 크면 바닥에 도달한 것이므로 프로그램을 종료하면 됩니다. 화면을 정지하려면 noLoop()를 활용합니다.

1.10 레이저가 공을 맞추었는가?

1 레이저에 공이 맞으면 공은 터진다.

마우스 왼쪽 버튼을 누르면 레이저가 발사되고, Y 위치가 공의 위치와 일치하면 공이 터지도록 스케치를 작성해 봅시다. ballKiller(int x); 함수는 마우스의 X 위치를 매개 변수로 가지고 가서 현재 공의 위치에 있는지 확인하고, 만약 맞은 경우 붉은색으로 좀 더 크게 공을 터뜨립니다.

```
boolean shoot=false;
int posX, posY;
int ballSize=32;
int triSize=20;
void setup() {
  size(200, 400);
  initGame();
}
void initGame()
{
  posX= int(random(width));
  posY=0;
}
void draw() {
  background(0);
  triLaser();
  ballDropper();
  if(shoot==true){
    ballKiller(mouseX);
    shoot=false;
  }
  gameEndChk();
}
void triLaser() {
  int t=20;
  fill(0, 255, 0);
```

```
  stroke(0, 255, 0);
  triangle(mouseX-triSize, mouseY,
           mouseX+triSize, mouseY,
           mouseX, mouseY-triSize);
}
void mousePressed() {
  shoot = true;
}
void ballDropper() {
  stroke(255);
  fill(255);
  ellipse(posX, posY++, ballSize, ballSize);
}
void gameEndChk() {
  if (posY==height) {
    fill(255, 0, 0);
    noLoop();
  }
}
void ballKiller(int x) {
  boolean hit = false;
  stroke(255, 0, 0);
  fill(255, 0, 0);
  if ((x >= posX-ballSize/2) &&
     (x <= posX+ballSize/2)) {
    hit = true;
    line(mouseX, mouseY, mouseX, posY);
    ellipse(posX,posY, ballSize+25,ballSize+25);
    initGame();
  }
  if (hit == false) {
    line(mouseX, mouseY, mouseX, 0);
  }
}
```

1.11 키보드 누르면 게임 다시 시작하기

1 아무 키나 누르면 게임이 다시 시작

아무 키보드를 누르면 게임이 새로 시작되도록 하려면, 다음 스케치를 제일 아래 부분에 추가하면 됩니다. 초기화 initGame()을 통해서 좌표를 정하고, loop() 함수를 통해서 draw()가 새 프레임을 그려줍니다.

```
void keyPressed(){
    initGame();
    loop();
}
```

1.12 클래스와 객체의 활용

지금까지 만든 작품을 클래스로 만들고 객체를 생성해서 활용하면, 공의 수를 추가하기 쉽습니다.

1 예제 1-19: 클래스 및 객체 만들기

```
Ball ball = new Ball();
boolean shoot=false;
int triSize=20;

class Ball {
  int posX, posY;
  int ballSize;
  Ball() {
    ballSize=32;
    initBallPos();
  }
```

```
  void ballKiller(int x) {
    boolean hit = false;
    stroke(255, 0, 0);
    fill(255, 0, 0);
    if ((x >= posX-ballSize/2) &&
       (x <= posX+ballSize/2)) {
      hit = true;
      line(mouseX, mouseY, mouseX, posY);
      ellipse(posX,posY,
              ballSize+25,ballSize+25);
      initBallPos();
    }
    if (hit == false) {
      line(mouseX, mouseY, mouseX, 0);
    }
  }
  void ballDropper() {
    stroke(255);
    fill(255);
    ellipse(posX, posY++, ballSize, ballSize);
  }
  void initBallPos() {
    posX= int(random(width));
    posY=0;
  }
  void gameEndChk() {
    if (posY==height) {
      fill(255, 0, 0);
      noLoop();
      initBallPos();
    }
  }
};
void setup() {
```

```
  size(200, 400);
}
void draw() {
  background(0);
  triLaser();
  ball.ballDropper();
  ball.gameEndChk();
  if (shoot==true) {
    ball.ballKiller(mouseX);
    shoot=false;
  }
}
void triLaser() {
  fill(0, 255, 0);
  stroke(0, 255, 0);
  triangle(mouseX-triSize, mouseY,
           mouseX+triSize, mouseY,
           mouseX, mouseY-triSize);
}
void mousePressed() {
  shoot = true;
}
void keyPressed() {
  loop();
}
```

2 클래스의 배열 객체 - 세 개의 공 내려오기

객체를 세 개 생성하면 세 개의 공이 내려옵니다.

```
int numOfBall=3;
Ball []ball = new Ball[numOfBall]; // 객체의 생성
boolean shoot=false;
int triSize=20;

class Ball {
  int posX, posY;
  int ballSize;
  Ball() {
    ballSize=32;
    initBallPos();
  }
  void ballKiller(int x) {
    boolean hit = false;
    stroke(255, 0, 0);
    fill(255, 0, 0);
    if ((x >= posX-ballSize/2) &&
        (x <= posX+ballSize/2)) {
      hit = true;
      line(mouseX, mouseY, mouseX, posY);
      ellipse(posX,posY,
              ballSize+25, ballSize+25);
      initBallPos();
    }
    if (hit == false) {
      line(mouseX, mouseY, mouseX, 0);
    }
  }
  void ballDropper() {
    stroke(255);
    fill(255);
    ellipse(posX, posY++, ballSize, ballSize);
  }
  void initBallPos() {
```

```
    posX= int(random(width));
    posY=0;
  }
  void gameEndChk() {
    if (posY==height) {
      fill(255, 0, 0);
      noLoop();
      initBallPos();
    }
  }
};
void setup() {
  size(200, 400);
  for (int i=0;i<numOfBall;i++) {
    ball[i]=new Ball(); // 객체의 할당
  }
}
void draw() {
  background(0);
  triLaser();
  for (int i=0;i<numOfBall;i++) {
    ball[i].ballDropper();
    ball[i].gameEndChk();
  }
  if (shoot==true) {
    for (int i=0;i<numOfBall;i++) {
      ball[i].ballKiller(mouseX);
    }
    shoot=false;
  }
}
void triLaser() {
  fill(0, 255, 0);
  stroke(0, 255, 0);
```

```
  triangle(mouseX-triSize, mouseY,
          mouseX+triSize, mouseY,
          mouseX, mouseY-triSize);
}
void mousePressed() {
  shoot = true;
}
void keyPressed() {
  loop();
}
```

3 레이저 발사는 마우스가 아래 부분에 있을 때만 하기

마우스 Y 위치가 아래로부터 80화소까지만 작동을 하고, 그보다 위인 경우 작동되지 않도록 해 봅시다.

```
int numOfBall=3;
Ball []ball = new Ball[numOfBall];
boolean shoot=false;
int triSize=20;
int laserLimit=80;

class Ball {
  int posX, posY;
  int ballSize;
  Ball() {
    ballSize=32;
    initBallPos();
  }
  void ballKiller(int x) {
    boolean hit = false;
    stroke(255, 0, 0);
```

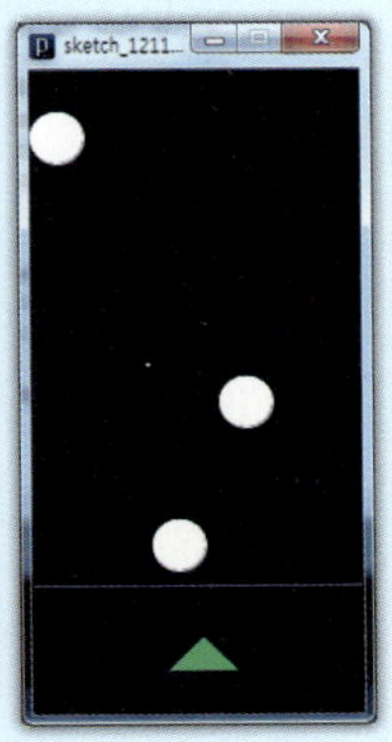

```
    fill(255, 0, 0);
    if ((x >= posX-ballSize/2) &&
       (x <= posX+ballSize/2)) {
      hit = true;
      line(mouseX, mouseY, mouseX, posY);
      ellipse(posX,posY,
             ballSize+25, ballSize+25);
      initBallPos();
    }
    if (hit == false) {
      line(mouseX, mouseY, mouseX, 0);
    }
  }
  void ballDropper() {
    stroke(255);
    fill(255);
    ellipse(posX, posY++, ballSize, ballSize);
  }
  void initBallPos() {
    posX= int(random(width));
    posY=0;
  }
  void gameEndChk() {
    if (posY==height-laserLimit) {
      fill(255, 0, 0);
      noLoop();
      initBallPos();
    }
  }
};

void setup() {
  size(200, 400);
  for (int i=0;i<numOfBall;i++) {
    ball[i]=new Ball();
```

```
  }
}
void draw() {
  background(0);
  line(0, height-laserLimit,
      width, height-laserLimit);
  triLaser();
  for (int i=0;i<numOfBall;i++) {
    ball[i].ballDropper();
    ball[i].gameEndChk();
  }
  if (shoot==true) {
    for (int i=0;i<numOfBall;i++) {
      ball[i].ballKiller(mouseX);
    }
    shoot=false;
  }
}
void triLaser() {
  if (mouseY > height-laserLimit) {
    fill(0, 255, 0);
    stroke(0, 255, 0);
    triangle(mouseX-triSize, mouseY,
             mouseX+triSize, mouseY,
             mouseX, mouseY-triSize);
  }
}
void mousePressed() {
  if(mouseY >= height-laserLimit)
     shoot = true;
}
void keyPressed() {
  loop();
}
```

1.13 게임 꾸미기

1 원이 내려오는 흔적 남기기

draw() 함수 부분에 있는 background(0);을 코멘트 처리하고 다음처럼 삽입하면, 마우스가 하단 20화소 아래에 있을 때만 발사됩니다.

```
//  background(0);
  fill(0, 10); // 공이 내려오는 윗 부분
  rect(0,0,width,height-laserLimit);
  fill(0);       // 레이저가 있는 아래 부분
  rect(0,height-laserLimit,width,height);
```

1.14 게임 출판하기

작성한 게임은 개인 컴퓨터에서 활용할 수 있도록 "응용 프로그램"으로 만들 수 있습니다. USB에 담아서 친구에게 선물로 줄 수 있겠지요. 그리고 인터넷의 웹에 "애플릿"으로 출판을 할 수 있습니다. 인터넷 익스플로러를 실행하면 어디서든지 이 게임을 할 수 있습니다. 마지막으로 스마트폰이나 아이폰에 업로드하여 게임을 할 수 있습니다. 여기에 대한 자세한 내용은 네이버 카페의 "재미삼아 프로세싱"을 참고하세요.

요약

- 지금까지 배운 내용을 활용하여 게임만들기
- 도형 그리기 선, 원, 삼각형
- 공이 위에서 내려오도록 움직이는 애니메이션 작성
- 랜덤함수 random()의 활용
- 레이저로 공을 터뜨리는 게임의 순차적인 작성
- 함수와 객체를 만들어 재활용성 높이기

연습문제

Q1. 타원을 그리는 명령은?

Q2. 화면의 가로 크기를 읽을 때 활용하는 프로세싱 변수는?

Q3. 공이 위에서 내려오는 예제에서 fill() 함수로 꼬리를 만드는 방법은?

Q4. 0부터 5까지의 랜덤함수를 발생시키는 방법은?

Q5. 키보드를 누르면 처리하는 함수는?

Q6. 마우스를 누르면 처리하는 함수는?

연습문제 해답

1. ellipse() 2. width 3. fill 함수의 두 번째 매개 변수를 넣는다. 예) fill(128, 10); 4. int a = random(5);
5. void keyPressed(){ } 6. void mousePressed(){ }

찾아보기

기호 및 숫자

.exe 173
3D 23, 132

영문

Android SDK 182
append() 함수 130
arc() 명령 99
background() 함수 61
beginRecord() 155
Cir 클래스 122
delay() 함수 103
draw() 97
draw() 함수 59
ellipse(); 86
ellipse() 함수 38, 111
endRecord() 함수 155
fill() 함수 66
fill(); 함수 58
frameRate 97
gameEndchk() 함수 198
goBack() 110
goForward() 110
goLeft() 110
goRight() 110
HTML 파일 177
if() 문 62
if() 조건문 68
image() 함수 91
import processing.net.*; 145
initGame() 202
int area() 110
int inc; 68
int w; 75
int( ) 195
int[] x; 129
jpg 161
Keis 182
KeyPressed(); 80
keyPressed();함수 80
lights(); 134
line(); 함수 72
line()함수 38
link()함수 137
loadBytes() 함수 150
loadImage() 함수 91, 138
loop() 함수 202
Mac OS 23
mousePressed() 함수 85, 139
mp3 파일 167
noFill(); 134
noFill()함수 133
noStroke(); 134
p.height 91
p.width 91
P3D 132
PDF 23
PDF 라이브러리 152
PDF 문서 152
PDF 저장 155
PDF 파일 152
PImage 91
png 161
pos++ 82
pos-- 82
print(); 함수 97

println() 함수 97
println(); 함수 104
random() 함수 103, 195
rect()함수 37
rotate() 함수 100
saveBytes() 함수 149, 150
setup() 함수 59
setup(); 함수 67
sin() 함수 100
size ()함수 29, 36
size(); 함수 132
smooth() 37
smooth() 함수 75
snowman() 112
snowman() 함수 113
sphere() 133
sphere() 함수 132, 133
String 150
stroke() 함수 74, 134
strokeWeight() 함수 74
strokeWeight();함수 37
SVG 23
SVG 포맷 152
text(); 함수 65
tif 161
translate() 함수 100, 133
triangle() 함수 189
triLaser() 함수 190
Video 23
width 62
write() 메서드 143

한글

객체 122
내장 함수 106
네트워크 145
디바이스 드라이버 164
랜덤 값 195
매개 변수 73
멤버변수 122
멤버함수 122
문자키 80
미님(Minim) 167
배열 128
변수 선언 75
변수의 선언 60
비디오 처리 24
사운드 처리 23
생성자 123
서버 143
스마트폰 프로그램 24
스케치 53
실행파일 173
아두이노 24
안드로이드 24, 180
애플릿 177
영상처리 23
오픈지엘(OpenGL) 132
인덱스 128
자바 애플릿 177
자바 JDK 180
정수 배열 128
정수 변수 75
정수 변수의 선언 68
정수 변환기 195
코딩 53
클라이언트 143
클래스 122
투명도 194
파일 149
프레임 97
프로세싱 23
프로세싱 변수 62
픽셀 35
함수 54, 110
함수의 작성 110
함수의 호출 110
형 변환 195
화면 출력 155

설 문 지

안녕하십니까? 바쁜 가운데 프로세싱 기초 학습 프로그램에 임해주셔서 대단히 감사합니다. 본 설문지는 ‘야금야금 프로세싱’을 학습하고 난 후 여러분들의 본 학습에 관한 생각과 견해를 수집하기 위한 것입니다. 이 설문지를 통해 나온 결과를 토대로 여러분의 의견을 적극 반영하여 프로그램을 더욱 효과적으로 만들고자 하오니 천천히 읽어보시고 해당되는 부분에 체크하여 주십시오. 여러분의 적극적인 참여 부탁드립니다. 이 설문지에 대한 사항은 교육 프로그램 제작 이외에 다른 용도로 사용되지 않음을 약속드립니다.

※ 문의사항은 이메일 jooeun21@naver.com로 연락해 주십시오.
심 주 은

1. ‘프로그래밍은 경쟁력이다‘의 기사는 유용하였습니까?
   - ☐ 예　　☐ 아니오

2. 이 기사를 읽고 프로세싱에 대해서 배우고 싶은 생각이 들었습니까?
   - ☐ 예　　☐ 아니오

3. 이 기사가 흥미로웠습니까?
   - ☐ 예　　☐ 아니오

4. 각 단원을 학습 할 때 어떤 내용을 학습하게 될 것인지 명확히 알 수 있었습니까?
   - ☐ 예　　☐ 아니오

5. 이전에 프로세싱 언어에 대하여 학습한 적이 있습니까?
   - ☐ 예　　☐ 아니오

5-1. ‘예’에 체크하였다면, 어디에서 학습하였습니까?

____

5-2. ‘예’에 체크하였다면, 프로세싱에서 사각형을 그릴 수 있었습니까?
   - ☐ 예　　☐ 아니오

6. 본 교재는 흥미로웠습니까?

☐ 예 ☐ 아니오

6-1. 흥미로웠다면 어떤 면에서 흥미로웠습니까? 아래에 기재하여 주세요.

____

7. 연습문제의 문항의 수는 충분하였습니까?

☐ 예 ☐ 아니오

7-1. 피드백은 학습에 도움이 되었습니까?

☐ 예 ☐ 아니오

8. 문제의 지시문을 이해하는데 어려움은 없었습니까?

☐ 예 ☐ 아니오

9. 문제의 문항 수는 적절하였습니까?

☐ 예 ☐ 아니오

10. 사전검사 질문은 분명하였습니까?

☐ 예 ☐ 아니오

11. 여러분은 이 교재로 학습한 것이 대체적으로 효과적이었다고 생각하십니까?

☐ 예 ☐ 아니오

12. 이 전에 할 줄 몰랐던 것을 이 교재 때문에 할 수 있게 되었습니까?

☐ 예 ☐ 아니오

13. 이 교재의 구성 및 디자인은 대체적으로 좋았습니까?

☐ 예 ☐ 아니오

14. 이 교재에서 가장 많이 개선해야 할 점은 무엇이라고 생각합니까? 아래에 기재하여 주세요.

____

____

____

설문에 응해 주셔서 감사합니다. 보다 좋은 프로그램을 개발하도록 노력하겠습니다.